中国文化文学经典文丛

尚 书

【春秋】孔 子/著　宋英梅/编著　孙建军/主编

吉林文史出版社

图书在版编目（CIP）数据

尚书 /（春秋）孔子著；宋英梅编著. —— 长春：
吉林文史出版社，2016.12(2018.4重印)

（中国文化文学经典文丛 / 孙建军主编）

ISBN 978-7-5472-3032-9

Ⅰ．①尚… Ⅱ．①孔… ②宋… Ⅲ．①中国历史－商
周时代 Ⅳ．①K221.04

中国版本图书馆CIP数据核字(2016)第134595号

SHANGSHU

书 名：	尚 书	
著 者：	孔 子	
主 编：	孙建军	
编 著：	宋英梅	
责任编辑：	李相梅　赵丹瑜	
封面设计：	宋双成	
出版发行：	吉林文史出版社	
地 址：	长春市人民大街4646号	
邮 编：	130021	
电 话：	0431-86037598	
网 址：	www.jlws.com.cn	
印 刷：	北京松源印刷有限公司	
开 本：	920mm×1280mm　1/16	
印 张：	30	
字 数：	160千字	
版 次：	2017年1月第1版　2018年4月第2次印刷	
书 号：	ISBN 978-7-5472-3032-9	

定 价： 45.00元

前　言

　　《尚书》，又称《书》或《书经》，是中国第一部古典文集和最早的历史文献。它以记言为主，自尧舜到夏商周，跨越两千余年。

　　《尚书》相传由孔子编撰而成，但有些篇目是后来儒家补充进去的。

　　《尚书》各篇文体不尽相同，大多篇章为"记言"，少部分为"记事"或"言事兼记"。《尚书》文体可分为六类。

　　第一类为"典"，例如《尧典》。"典"本来就是"册"或"经"的意思，《尚书》篇名中的"典"，已含后世"经典"之意，表示尊崇。"典"的体裁并非当时的文献记录，乃后人追述之作，故文字相对而言比较浅显。"典"在《尚书》中所占比例甚小。

　　第二类为"谟"，例如《皋陶谟》。"谟"与"谋"通，意为"谋划""谋议"。比如，《皋陶谟》记载舜、禹、皋陶等人的政治协商与谋划。"谟"体因系问答，也比较容易读懂。"谟"体在《尚书》中所占比例极少。

第三类为"训"，例如《伊训》。"训"，就是"训谕"的意思。"逸书"之《伊训》据说记载商代大臣伊尹对商王太甲所作之训谕。不过，该篇经文已经失传，今本《尚书·伊训》系伪作，不能代表。

第四类为"诰"，例如《大诰》。"诰"，"告谕"之意。虽不以"诰"名篇而实为"诰"体者，如《多士》《多方》等篇皆是。《尚书》中的"诰"，大多为君王对臣民的训话。比如《盘庚》三篇，记载商王盘庚对臣民所作的三次训话。又如《康诰》，记载周公告诫其弟康叔当如何统治被征服的商人。"诰"体篇名的命名法则不够规范。或以训谕者命名，如《康王之诰》；或以接受训谕者命名，如《康诰》；或以训谕内容命名，如《酒诰》《无逸》；或取篇中词汇命名，如《多方》等。"诰"体数量接近非伪古文之一半，构成《尚书》最重要的部分。"诰"体多属讲话记录，因属上古口语，与如今口语差别甚大，而口语又往往欠缺文章的条理，难免重复琐碎，故"诰"体格外难懂。

第五类为"誓"，例如《汤誓》。所谓"誓"，就是"誓师之辞"。"誓"体在《尚书》中所占比例仅次于"诰"体。"誓"体篇名的命名方法也不规范。有以人命名的，如《汤誓》为商汤伐夏桀之誓师辞。有以誓师地点命名的，如《费誓》与《牧誓》中的"费"与"牧"，皆为誓师地点。有以国名命名的，如《秦誓》为秦穆公在战后向其臣民所宣告的誓辞。还有以"伟大"命名的，如《泰誓》就是"伟大的誓言"之意。"誓"体往往为韵文，词句整齐，韵律分明，颇似诗歌。

第六类为"命"，例如《文侯之命》。"命"，就是"命令"的意思。《尚书》中的"命"，是古代常见的"命辞"。比如《文侯之命》，就是周天子对晋文侯的嘉奖令。属于"命"体的篇章在《尚书》中很少，不过因其常见于其他古代典籍，故也不难读懂。

因《尚书》的篇章基本上为以上六种文体所函盖，故《尚书》的文体也习称之为"典谟训诰之文"。

自汉以来，《尚书》一直被视为中国封建社会的政治哲学经典，既是帝王的教科书，又是贵族子弟及士大夫必修的"大经大法"，在历史上很有影响。

本书精选部分名篇，使读者可以通过阅读本书领略《尚书》的精要。

目　录

虞　书

夏　书

商　书

名　句

历史故事

尚
书

虞书·尧典

【原文】

　　曰若稽古帝尧，曰放勋，钦、明、文、思、安安。允恭克让，光被四表，格于上下。克明俊德，以亲九族。九族既睦，平章百姓。百姓昭明，协和万邦。黎民于变时雍。

　　乃命羲和，钦若昊天历象——日月星辰，敬授民时。分命羲仲宅嵎夷曰旸谷。寅宾出日，平秩东作。日中，星鸟，以殷仲春。厥民析，鸟兽孳尾。申命羲叔宅南交。平秩南为，敬致。日永，星火，以正仲夏。厥民因，鸟兽希革。分命和仲宅西，曰昧谷。寅饯纳日，平秩西成。宵中，星虚，以殷仲秋。厥民夷，鸟兽毛毨。申命和叔宅朔方曰幽都。平在朔易。日短，星昴，以正仲冬。厥民隩，鸟䴔毛毛。帝曰："咨汝羲暨和。期三百有六旬有六日，以闰月定四时成岁。"允厘百工，庶绩咸熙。

　　帝曰："畴咨若时登庸？"

　　放齐曰："胤子朱启明。"

　　帝曰："吁！嚚讼可乎？"

　　帝曰："畴咨若予采？"

　　欢兜曰："都！共工方鸠僝功。"

　　帝曰："吁！静言庸违，象恭滔天。"

　　帝曰："咨！四岳，汤汤洪水方割，荡荡怀山襄陵，浩浩

滔天。下民其咨，有能俾乂？"

　　佥曰："于！鲧哉。"

　　帝曰："吁！咈哉，方命圮族。"

　　岳曰："异哉！试可乃已。"

　　帝曰，"往，钦哉！"九载，绩用弗成。

　　帝曰："咨！四岳。朕在位七十载，汝能庸命，巽朕位？"

岳曰：“否德，忝帝位。”

曰：“明明扬侧陋。”

师锡帝曰：“有鳏在下，曰虞舜。”

帝曰：“俞？予闻，如何？”

岳曰：“瞽子，父顽母嚚，象傲；克谐以孝，烝烝乂，不

格奸。”

帝曰：“我其试哉！女于时，观厥刑于二女。”

厘降二女于妫汭，嫔于虞。

帝曰：“钦哉！”

慎徽五典，五典克从。纳于百揆，百揆时叙。宾于四门，

四门穆穆。纳于大麓，烈风雷雨弗迷。

帝曰：“格汝舜。询事考言，乃言厎可绩，三载。汝陟帝

位。”

舜让于德，弗嗣。

【译文】

查考古时有个帝尧名叫放勋，他恭敬通明，善理天下，道德纯备，温和宽容。他忠实不懈，又能让贤，光辉普照四方，思虑至于天地。他能发扬大德，使家族亲密和睦。家族和睦以后，又辨明其他各族的政事。众族的政事辨明了，又协调万邦诸侯，天下众民因此友好和睦起来，风俗也很淳美。

（他）于是命令羲氏与和氏，谨慎地遵循天数，推算日月星辰运行的规律，制定出历法，谨慎地把天时节令告诉人们。分别命令羲仲，住在东方的旸谷，恭敬地迎接日出，辨别测定太阳东升的时刻。昼夜长短相等，南方朱雀七宿黄昏时出现在天的正南方，依据这些确定仲春时节。这时，人们分散在田野，鸟兽开始生育繁殖。又命令羲叔，住在南方的交趾，辨别测定太阳往南运行的情况，恭敬地迎接太阳向南回来。白昼时间最长，东方苍龙七宿中的火星黄昏时出现在南方，依据这些确定仲夏时节。这时，人们住在高处，鸟兽的羽毛稀疏。又命令和仲，住在西方的昧谷，恭敬地送别落日，辨别测定太阳西落的时刻。昼夜长短相等，北方玄武七宿中的虚星黄昏时出现在天的正南方，依据这些确定仲秋时节。这时，人们又回到平地上居住，鸟兽换生新毛。又命令和叔，住在北方的幽都，辨别观察太阳往北运行的情况。白昼时间最短，西方白虎七宿中的昴星黄昏时出现在正南方，依据这些确定仲冬时节。这时，人们住在室内，鸟兽长出了柔软的细毛。尧说："啊！你们羲氏与和氏啊，一周年是三百六十六天，要用加闰月的办法确定春夏秋冬四季而成一岁。由此规定百官的事务，许多事情就都兴办起来。"

尧帝说："善治四时之职的是谁啊？我要提升任用他。"

放齐说："您的儿子丹朱很开明。"

尧帝说："唉！他说话虚妄，又好争辩，可以吗？"

尧帝说："善于处理我们政务的是谁呢？"

驩兜说："啊！共工防救水灾已具有成效啊。"

尧帝说："唉！他花言巧语，阳奉阴违，貌似恭谨，而气焰很高。"

尧帝说："啊！四方诸侯之长！滔滔的洪水普

遍危害人们，水流奔腾包围了山岭，淹没了丘陵，浩浩荡荡，弥漫接天。臣民百姓都在叹息，有能使洪水得到治理的吗？"

人们都说："啊！鲧吧。"

尧帝说："唉！他违背人意，不服从命令，危害族人。"

四方诸侯之长说："用吧！试试可以，就用他。"

尧帝说："去吧，鲧！要谨慎啊！"过了九年，成效不好。

尧帝说："啊！四方诸侯之长！我在位七十年，你们能用我之命，升任我的帝位吧！"

四方诸侯之长说："我们德行鄙陋，不配升任帝位。"

尧帝说："可以明察贵戚，也可以推举地位低微的人。"

众人提议说："在下面有一个穷困的人，名叫虞舜。"

尧帝说："是的，我也听说过，这个人怎么样呢？"

四方诸侯之长回答说："他是乐官瞽叟的儿子。他的父亲心术不正，后母说话不诚，弟弟象傲慢不友好，而舜能同他们和谐相处。因他的孝心醇厚，治理国务不至于坏吧！"

尧帝说："我试试吧！把我的两个女儿嫁给舜，从两个女儿那里观察舜的德行。"于是命令两个女儿下到妫水湾，嫁给虞舜。

尧帝说："敬慎地处理政务吧！"

舜慎重地赞美父义、母慈、兄友、弟恭、子孝

五种常法，人们都能顺从。舜总理百官，百官都能

承顺。舜在明堂四门迎接四方宾客，四方宾客都肃

然起敬。舜担任守山林的官，在暴风雷雨的恶劣天

气也不迷误。

　　尧帝说："来吧！舜。我和你谋划政事，又考

察你的言论，你的建议一定可以成功，已经三年

了，你登上帝位吧！"舜要让给有德的人，不肯继

承。

虞书·皋陶谟

【原文】

曰若稽古皋陶曰："允迪厥德，谟明弼谐。"

禹曰："俞，如何？"

皋陶曰："都！慎厥身修，思永。惇叙九族，庶明厉翼，

迩可远在兹。"

禹拜昌言曰："俞"。

皋陶曰："都！在知人，在安民。"禹曰："吁！咸若

时，惟帝其难之。知人则哲，能官人。安民则惠，黎民怀之。

能哲而惠，何忧乎马讙兜，何迁乎有苗？何畏乎巧言令色孔

壬？"

皋陶曰："都！亦行有九德，亦言其人有德。"乃言曰，

载采采。"禹曰："何？"

皋陶曰："宽而栗，柔而立，愿而恭，乱而敬，扰而毅，直而温，简而廉，刚而塞，强而义。彰厥有常，吉哉！日宣三德，夙夜浚明有家；日严祗敬六德，亮采有邦。翕受敷施，九德咸事，俊乂在官。百僚、师师，百工惟时，抚于五长，庶绩其凝。无教逸欲，有邦，兢兢业业，一日二日万几。无旷庶官，天工人其代之。天叙有典，敕我五典五惇哉；天秩有礼，自我五礼有庸哉！同寅协恭和衷哉！天命有德，五服五章哉！天讨有罪，五刑五用哉！政事懋哉懋哉！""天聪明，自我民聪明。天明畏，自我民明威。达于上下，敬哉有土！"

皋陶曰："朕言惠可厎行？"禹曰："俞！乃言厎可绩。"皋陶曰："予未有知，思曰赞赞襄哉！"

【译文】

查考往事。皋陶说："诚实地履行那些德行，就会决策英明，群臣同心协力。"

禹曰："是啊！怎样履行呢？"

皋陶说："啊！要谨慎其身，自身的修养要坚持不懈。要使近亲宽厚顺从，使贤人勉力辅佐，由近及远，完全在于从这里做起。"

禹听了这番精当的言论，拜谢说："对呀！"

皋陶说："啊！除了自身的修养之外，还在于理解臣下，安定民心。"

禹说："唉！都像这样，连尧帝都会认为困难了。理解臣下就显得明智，能任人唯贤。安定民心就受人爱戴，百姓都会怀念他。能做到明智和受人爱戴，怎么会担心驩兜？怎么会流放三苗？怎么会畏惧善于花言巧语、察言观色的共工呢？"

皋陶说："啊！检验人的行为大约有九种美德。检验了言论，如果那个人有德，就告诉他说，可做点工作。"

禹问："什么叫九德呢？"

皋陶说："宽宏而又坚栗，柔顺而又卓立，谨厚而又严恭，多才而又敬慎，驯服而又刚毅，正直而又温和，简易而又方正，刚正而又笃实，坚强而又合宜，要明显地任用具有九德的好人啊！

"天天表现出三德，早晚认真努力于家的人，天天庄严地重视六德，辅助政事于国的人，一同接受，普遍任用，使具有九德的人都担任官职，那么在职的官员就都是才德出众的人了。各位官员互相

效法，他们都想处理好政务，而且顺从君王，这

样，各种工作都会办成。

"治理国家的人不要贪图安逸和私欲，要兢兢

业业，因为情况天天变化万端。不要虚设百官，上

天命定的工作，人应当代替完成。上天规定了人与

人之间的常法，要告诫人们用父义、母慈、兄友、

弟恭、子孝的办法，把这五者敦厚起来啊！上天规

定了人的尊卑等级，推行天子、诸侯、卿大夫、士

和庶人这五种礼制，要经常啊！君臣之间要同敬、

同恭，和善相处啊！上天任命有德的人，要用天

子、诸侯、卿、大夫、士五等礼服表彰这五者啊！

上天惩罚有罪的人，要用墨、劓、剕、宫、大辟五

种刑罚处治五者啊！政务要努力啊！要努力啊！

"上天的视听依从臣民的视听。上天的赏罚依

从臣民的赏罚。无意和民意是相通的，要谨慎啊，有国土的君王！"

皋陶问："我的话可以得到实行吗？"

禹说："当然！你的话可以得到实行并且获得成功。"

皋陶说："我并不懂得什么，我想赞扬佐助帝德啊！"

夏书·禹贡

尧禹 · 许夏

【原文】

禹别九州，随山浚川，任土作贡。禹敷土，随山刊木，奠高山大川。

冀州。既载壶口，治梁及岐。既修太原，至于岳阳。覃怀厎绩，至于衡漳。厥土：惟白壤，厥赋：惟上上，错。厥田惟中中。恒卫既从，大陆既作。岛夷皮服，夹右碣石入于河。

济河惟兖州。九河既道，雷夏既泽，灉、沮会同。桑土既蚕，是降丘宅土。厥土：黑坟，厥草惟繇，厥木惟条。厥田：惟中下。厥赋：贞。作十有三载，乃同。厥贡：漆、丝，厥篚织文。浮于济、漯，达于河。

海岱惟青州。嵎夷既略，潍、淄其道。厥土：白坟，海滨广斥。厥田：惟上下，厥赋：中上。厥贡：盐绨、海物惟错，岱畎丝、枲、铅、松、怪石。莱夷作牧，厥篚□丝。浮于汶，达于济。

海、岱及淮惟徐州。淮、沂其乂，蒙、羽其艺，大野既猪，东原厎平。厥土赤埴坟，草木渐包。厥田惟上中，厥赋中中。厥贡：惟土五色，羽畎夏翟，峄阳孤桐，泗滨浮磬，淮夷蠙珠暨鱼。厥篚玄纤缟。浮于淮、泗，达于菏。

淮、海惟扬州。彭蠡既猪，阳鸟攸居。三江既入，震泽厎定。篠荡既敷，厥草惟夭，厥木惟乔。厥土惟涂泥。厥田唯下下，厥赋下上上错。厥贡惟金三品，瑶、琨、篠、荡、齿、革、羽、毛惟木。鸟夷卉服。厥篚织贝，厥包橘柚，锡贡。沿于江、海，达于淮、泗。

荆及衡阳惟荆州。江、汉朝宗于海，九江孔殷，沱、潜既道，云梦土作乂。厥土惟涂泥，厥田惟下中，厥赋上下。厥贡羽、毛、齿、革惟金三品，杶干栝、柏，砺、砥、砮丹，惟菌、楛，三邦底贡厥名。包匦菁茅，厥篚玄纁玑组，九江纳锡大龟。浮于江、沱、潜、汉，逾于洛，至于南河。

荆河惟豫州。伊、洛、瀍、涧既入于河，荥波既猪。导菏泽，被孟猪。厥土惟壤，下土坟垆。厥田惟中上，厥赋错上中。厥贡漆、枲，绤、纻，厥篚纤纩，锡贡磬错。浮于洛，达于河。

华阳、黑水惟梁州。岷、嶓既艺，沱、潜既道。蔡、蒙旅平，和夷底绩。厥土青黎，厥田惟下上，厥赋下中三错。厥贡璆、铁、银、镂、砮、磬，熊、罴、狐、狸织皮，西倾因桓是来，浮于潜，逾于沔，入于渭，乱于河。

黑水、西河惟雍州。弱水既西，泾属渭汭，漆沮既从，沣水攸同。荆、岐既旅，终南惇物，至于鸟鼠。原隰底绩，至于猪野。三危既宅，三苗丕叙。厥土惟黄壤，厥田惟上上，厥赋中下。厥贡惟球琳琅玕。浮于积石，至于龙门、西河，会于渭汭。织皮昆仑析支渠搜，西戎即叙。

导岍及岐，至于荆山；逾于河，壶口、雷首，至于太岳；

底柱、析城，至于王屋；太行、恒山，至于碣石，入于海。

西倾、朱圉、鸟鼠，至于太华；熊耳、外方、桐柏，至于

陪尾。

导嶓冢，至于荆山；内方，至于大别；

岷山之阳，至于衡山，过九江，至于敷浅原。

导弱水，至于合黎，馀波入于流沙。

导黑水，至于三危，入于南海。

导河积石，至于龙门南至于华阴，东至于底柱，又东至于

孟津，东过洛汭，至于大伾北过降水，至于大陆又北，播为九

河，同为逆河，入于海。

嶓冢导漾，东流为汉，又东为沧浪之水，过三澨，至于大

别，南入于江。东，汇泽为彭蠡，东为北江，入于海。

岷山导江，东别为沱，又东至于澧；过九江，至于东陵，东迤北会于汇；东为北江，入于海。

导沇水，东流为济，入于河，溢为荥；东出于陶丘北，又东至于菏，又东北会于汶，又北，东入于海。

导淮自桐柏，东会于泗、沂，东入于海。

导渭自鸟鼠同穴，东会于沣，又东会于泾，又东过漆、沮，入于河。

导洛自熊耳，东北会于涧、瀍又东会于伊，又东北入于河。

九州攸同，四隩既宅，九山刊旅，九川涤源，九泽既陂，四海会同。六府孔修，庶土交正，厎慎财赋，咸则三壤，成赋中邦。锡土姓，祗台德先，不距朕行。

五百里甸服：百里赋纳总，二百里纳铚，三百里纳秸服，四百里粟，五百里米。

五百里侯服：百里采，二百里男邦，三百里诸侯。

五百里绥服：三百里揆文教，二百里奋武卫。

五百里要服：三百里夷，二百里蔡。

五百里荒服：三百里蛮，二百里流。

东渐于海，西被于流沙，朔南暨，声教讫于四海。禹锡玄

圭，告厥成功。

【译文】

禹分别土地的疆界，行走高山砍削树木作为路标，以高山大河奠定界域。

冀州：从壶口开始施工以后，就治理梁山和它的支脉。太原治理好了以后，又治理到太岳山的南面。覃怀一带的治理取得了成效，又到了横流入河的漳水。这州的土是白壤，赋税是第一等，也夹杂着第二等，这里的田地是第五等。恒水、卫水已经顺着河道而流，大陆泽也已治理了。岛夷的人用皮服来进贡，先接近右边的碣石山，再进入黄河。

济水与黄河之间是兖州：黄河下游的九条支流疏通了，雷夏也已经成了湖泽，濉水和沮水会合流进了雷夏泽。栽种桑树的地方都已经养蚕，于是人们从山丘上搬下来住在平地上。这里的土质又黑又肥，这里的草是茂盛的，这里的树是修长的。这里的田地是第六等，赋税是第九等，耕作了十三年才与其它八个州相同。这里的贡物是漆和丝，还有用竹筐装着的彩绸。进贡的物品从济水、漯水乘船到黄河。

渤海和泰山之间是青州：嵎夷治理好以后，潍水和淄水也已经疏通了。这里的土又白又肥，海边有一片广大的盐碱地。这里的田是第三等，赋税是第四等。这里进贡的物品是盐和细葛布，海产品多种多样。还有泰山谷的丝、大麻、锡、松和奇特的石头。莱夷一带可以放牧。这里进贡的物品是用筐装的柞蚕丝。进贡的船只从汶水通到济水。

黄海、泰山及淮河之间是徐州：淮河、沂水治理好以后，蒙山、羽山一带已经可以种植了，大野泽已经停聚着深水，东原地方也获得治理。这里的土是红色的，又粘又肥，草木不断滋长而丛生。这里的田是第二等，赋税是第五等。进贡的物品是五色土，羽山山谷的大山鸡，峄山南面的特产桐木，泗水边上的可以做磬的石头，淮夷之地的蚌珠和鱼。还有用筐子装着的黑色的细绸和白色的绢。进贡的船只从淮河、泗水，到达与济水相通的荷泽。

淮河与黄海之间是扬州：彭蠡泽已经汇集了深水，南方各岛可以安居。三条江水已经流入大海，震泽也获得了安定小竹和大竹已经遍布各地，这里的草很茂盛，这里的树很高大。这里的土是潮湿的泥。田是第九等，赋是第七等，杂出第六等。进贡的物品是金、银、铜、美玉、美石、小竹、大竹、象牙、犀皮、鸟的羽毛、旄牛尾和木材。东南沿海各岛的人穿着草编的衣服。这一带把贝锦放在筐子里，把橘柚包起来作为贡品。这些贡品沿着长江、黄海到达淮河、泗水。

荆山与衡山的南面是荆州：长江、汉水像诸侯朝见天子一样奔向海洋，洞庭湖的水系大定了，沱水、潜水疏通以后，云梦泽一带可以耕作了。这里的土是潮湿的泥，这里的田是第八等，赋是第三等。这里的贡物是羽毛、旄牛尾、象牙、犀皮和金、银、铜，椿树、柘树、桧树、柏树，粗磨石、细磨石、造箭镞的石头、丹砂和细长的竹子、楛木。三个诸侯国进贡他们的名产，包裹好了的杨梅、菁茅，装在筐子里的彩色丝绸和一串串的珍珠。九江进贡大龟。这些贡品从长江、沱水、潜

水、汉水到达汉水上游，改走陆路到洛水，再到南

河。

荆山、黄河之间是豫州：伊水、瀍水和涧水都

已流入洛水，又流入黄河，荥波泽已经停聚了大量

的积水。疏通了菏泽，并在孟猪泽筑起了堤防。这

里的土是柔软的壤土，低地的土是肥沃的黑色硬

土。这里的田是第四等，赋税是第二等，杂出第一

等。这里的贡物是漆、麻、细葛、纻麻，用筐装的

绸和细绵，又进贡治玉磬的石头。进贡的船只从洛

水到达黄河。

华山南部到怒江之间是梁州：岷山、嶓冢山治

理以后，沱水、潜水也已经疏通了。峨嵋山、蒙山

治理后，和夷一带也取得了治理的功效。这里的土

是疏松的黑土，这里的田是第七等，赋税是第八

等，还杂出第七等和第九等。这里的贡物是美玉、铁、银、刚铁、作箭镞的石头、磬、熊、马熊、狐狸、野猫。织皮和西倾山的贡物沿着桓水而来。进贡的船只行于潜水，然后离船上岸陆行，再进入沔水，进到渭水，最后横渡渭水到达黄河。

黑水到西河之间是雍州：弱水疏通已向西流，泾河流入渭河之湾，漆沮水已经会合洛水流入黄河，沣水也向北流同渭河会合。荆山、岐山治理以后，终南山、惇物山一直到鸟鼠山都得到了治理。原隰的治理取得了成绩，至于猪野泽也得到了治理。三危山已经可以居住，三苗就安定了。这里的土是黄色的，这里的田是第一等，赋税是第六等。这里的贡物是美玉、美石和珠宝。进贡的船只从积石山附近的黄河，到达龙门、西河，与从渭河逆流而上的船只会合在渭河以北。织皮的人民定居在昆仑、析支、渠搜三座山下，西戎各族就安定顺从了。

开通了岍山和岐山的道路，到达荆山，越过黄河。又开通壶口山、雷首山，到达太岳山。又开通底柱山、析城山，到达王屋山。又开通太行山、恒山，到达碣石山，从这里进入渤海。

开通西倾山、朱圉山、鸟鼠山，到达太华山。又开通熊耳山、外方山、桐柏山，到达陪尾山。

开通嶓冢山到达荆山。开通内方山到达大别山。开通岷山的南面到达衡山，过洞庭湖到达庐山。

疏通弱水到合黎山，下游流到沙漠。

疏通黑水到三危山，流入南海。

疏导黄河，从积石山开始，到达龙门山；再向南到达华山的北面；再向东到达底柱山；又向东到达孟津；又向东经过洛水与黄河会合的地方，到达大伾山；然后向北经过降水，到达大陆泽；又向北，分成九条支流，再会合成一条逆河，流进大海。

从嶓冢山开始疏导漾水，向东流成为汉水；又向东流，成为沧浪水；经过三澨水，到达大别山，向南流进长江。向东，来汇的水叫彭蠡泽；向东，称为北江，流进大海。

从岷山开始疏导长江，向东另外分出一条支流称为沱江；又向东到达澧水；经过洞庭湖，到达东陵；再向东斜行向北，与淮河会合；向东称为中江，流进大海。

疏导沇水，向东流就称为济水，流入黄河，河水溢出成为荥泽；又从定陶的北面向东流，再向东到达菏泽县；又向东北，与汶水会合；再向北，转向东，流进大海。

从桐柏山开始疏导淮河，向东与泗水、沂水会合，向东流进大海。

从鸟鼠同穴山开始疏导渭水，向东与沣水会合，又向东与泾水会合；又向东经过漆沮水，流入黄河。

从熊耳山开始疏导洛水，向东北，与涧水、沣水会合；又向东，与伊水会合；又向东北，流入黄河。

九州由此统一了：四方的土地都已经可以居住了，九条山脉都伐木修路可以通行了，九条河流都疏通了水源，九个湖泽都修筑了堤防，四海之内进贡的道路都畅通无阻了。水火金木土谷六府都治理得很好，各处的土地都要征收赋税，并且规定慎重征取财物赋税，都要根据土地的上中下三等来确定它。中央之国赏赐土地和姓氏给诸侯，敬重以德行为先，又不违抗我的措施的贤人。

国都以外五百里叫做甸服。离国都最近的一百里缴纳连秆的禾；二百里的，缴纳禾穗；三百里的，缴纳带稃的谷；四百里的，缴纳粗米；五百里的缴纳精米。

甸服以外五百里是侯服。离甸服最近的一百里替天子服差役；二百里的，担任国家的差役；三百里的，担任侦察工作。

侯服以外五百里是绥服。三百里的，考虑推行天子的政教；二百里的，奋扬武威保卫天子。

绥服以外五百里是要服。三百里的，要和平相处；二百里的，要遵守王法。

要服以外五百里是荒服。三百里的，维持隶属关系；二百里的，进贡与否流动不定。

东方进至大海，西方到达沙漠，北方、南方连同声教都到达外族居住的地方。

于是禹被赐给玄色的美玉，表示大功告成了。

夏书·甘誓

夏午・甘薯

【原文】

大战于甘，乃召六卿。

王曰："嗟！六事之人，予誓告汝：有扈氏威侮五行，怠弃三正，天用剿绝其命。今予惟恭行天之罚。左不攻于左，汝不恭命；右不攻于右，汝不恭命；御非其马之正，汝不恭命。用命，赏于祖；不用命，戮于社，予则孥戮汝！"

【译文】

将在甘这个地方进行大战，夏王启就召见了六军的将领。王说："啊！六军的将士们，我告诫你们：有扈氏轻慢洪范这一大法，废弃正德、利用、厚生三大政事，因此，上天要断绝他的国运。现在我只有奉行上天对他的惩罚。

"车左的兵士不善于射箭，你们就是不奉行我的命令；车右的兵士不善于用戈矛刺杀，你们也是不奉行我的命令；驾车的兵士违反驭马的规则，你们也是不奉行我的命令。服从命令的，我会在先祖的神位面前赏赐你们；不服从命令的，我会在社神的神位面前惩罚你们，我就会把你们降为奴隶，或者杀掉你们。"

商书·汤誓

【原文】

王曰："格尔众庶，悉听朕言。非台小子敢行称乱，有夏多罪，天命殛之今尔有众，汝曰：'我后不恤我众，舍我穑事而割正夏？'予惟闻汝众言，夏氏有罪，予畏上帝，不敢不正。今汝其曰：'夏罪其如台？'夏王率遏众力，率割夏邑。有众率怠弗协，曰：'时日曷丧？予及汝皆亡！'夏德若兹，今朕必往。

"尔尚辅予一人，致天之罚，予其大赉汝.尔无不信，朕不食言。尔不从誓言，予则孥戮汝，罔有攸赦。"

【夏社 疑至 臣扈】

汤既胜夏，欲迁其社，不可。作《夏社》、《疑至》、《臣扈》。

【典宝】

夏师败绩，汤遂从之，遂伐三朡，俘厥宝玉。谊伯、仲伯作《典宝》。

【译文】

王说："来吧！你们众位，都听我说。不是我小子敢行作乱！因为夏国犯下许多罪行，天帝命令我去讨伐它。现在你们众人会说：'我们的君王不怜悯我们众人，荒废我们的农事，为什么要征伐夏国呢？'我虽然理解你们的话，但是夏氏有罪，我畏惧上帝，不敢不去征伐啊！现在你们会问：'夏的罪行究竟怎么样呢？'夏王耗尽民力，剥削夏国的人民。民众怠慢不恭，同他很不和谐，他们说：'这个太阳什么时候消失呢？我们愿意同你一起灭亡。'夏的品德这样坏，现在我一定要去讨伐他。

"你们要辅佐我这个人，实行天帝对夏的惩

罚，我将重重地赏赐你们！你们不要不相信，我不会说假话。如果你们不遵守誓言，我就会把你们贬为奴隶，或者杀死你们，不会有所赦免。"

商书·高宗肜日

【原文】

高宗肜日，越有雊雉。祖己曰："惟先格王，正厥事。"

乃训于王曰："惟天监下民，典厥义。降年有永有不永，非天

夭民，民中绝命。民有不若德，不听罪。天既孚命正厥德，乃

曰其如台！呜呼！王司敬民，罔非天胤，典祀无丰于尼。"

【译文】

又祭高宗的那一天，有一只野鸡在鼎耳上鸣叫。祖己说："要先宽解君王的心，然后纠正他祭祀的事。"于是开导祖庚。

祖己说："上天监视下民，赞美他们合宜行事。上天赐给人的年寿有长有短，并不是上天使人夭折，而是有些人自己断绝自己的性命。有些人有不好的品德，有不顺从天意的罪过。上天已经发出命令纠正他们不好的品德，您说：'要怎么样呢？'"

"啊！先王继承帝位被百姓敬重，无非都是老天的后代，在祭祀的时候，近亲中的祭品不要过于丰厚啦！

商书·西伯戡黎

【原文】

西伯既戡黎，祖伊恐，奔告于王曰："天子！天既讫我殷命。格人元龟，罔敢知吉。非先王不相我后人，惟王淫戏用自绝。故天弃我，不有康食。不虞天性，不迪率典。今我民罔弗欲丧，曰：'天曷不降威！'大命不挚，今王其如台？"

王曰："呜呼！我生不有命在天？"

祖伊反，曰："呜呼！乃罪多参在上，乃能责命于天？殷之即丧，指乃功，不无戮于尔邦？"

【译文】

周文王打败了黎国以后，祖伊恐慌，跑来告诉纣王。

祖伊说："天子，无意恐怕要终止我们殷商的国运了！贤人和神龟都不能觉察出吉兆。不是先王不扶助我们后人，而是大王淫荡嬉戏自绝于天。所以上天将抛弃我们，不让我们得到糟糠之食。大王不揣度天性，不遵循法律。如今百姓没有谁不希望大王灭亡，他们说：'老天为什么不降威罚呢？'天命不再归向我们了，现在大王将要怎么办呢？"

纣王说："啊哈！我的一生不有福命在天吗？"

祖伊反驳说："唉！您的过失很多，又懒惰懈

怠，高高在上，难道还能向上天祈求福命吗？殷商

行将灭亡，要指示您的政事，不可不为您的国家努

力啊！"

商书·微子

【原文】

微子若曰："太师、少师！殷其弗或乱正四方。我祖厎遂陈于上，我用沈酗于酒，用乱败厥德于下。殷罔不小大好草窃奸宄。卿士师师非度。凡有辜罪，乃罔恒获，小民方兴，相为敌雠。今殷其沦丧，若涉大水，其无津涯。殷遂丧越至于今！"

曰："太师、少师，我其发出狂，吾家耄逊于荒，今尔无指告？予颠隮，若之何其？"

父师若曰："王子！天毒降灾荒殷邦，方兴沈酗于酒，乃罔畏畏，咈其耇长旧有位人。

今殷民乃攘窃神祇之牺牷牲用，以容将食无灾。

降监殷民，用乂雠敛，召敌雠不怠。罪合于一，多瘠罔诏。

　　商今其有灾，我兴受其败；商其沦丧，我罔为臣仆。诏王子出，迪我旧云刻子。王子弗出，我乃颠隮。自靖，人自献于先王，我不顾行遁。"

【译文】

微子这样说："父师、少师！殷商恐怕不能治理好天下了。我们的先祖成汤制定了常法在先，而纣王沉醉在酒中，因淫乱而败坏成汤的美德在后。殷商的大小臣民无不抢夺偷盗、犯法作乱，官员们都违反法度。凡是有罪的人，竟没有常法，小百姓一齐起来，同我们结成仇敌。现在殷商恐怕要灭亡了，就好象要渡过大河，几乎找不到渡口和河岸。殷商法度丧亡，竟到了这个地步！"

微子说："太师、少师，我将被废弃而出亡在外呢？还是住在家中安然避居荒野呢？现在你们不指点我，殷商就会灭亡，怎么办啊？"

父师这样说："王子！老天重降大灾要灭亡我

们殷商，而君臣上下沉醉在酒中，却不惧怕老天的威力，违背年高德劭的旧时大臣。现在，臣民竟然偷盗祭祀天地神灵的牺牲和祭器，把它们藏起来，或是饲养，或是吃掉，都没有罪。再向下看看殷民，他们用杀戮和重刑横征暴敛，招致民怨也不放宽。罪人聚合在一起，众多的受害者无处申诉。

"殷商现在或许会有灾祸呢，我们起来承受灾难；殷商或许会灭亡呢，我不做敌人的奴隶。我劝告王子出去，我早就说过，箕子和王子不出去，我们殷商就会灭亡。自己拿定主意吧！人人各自去对先王作出贡献，我不再顾虑了，将要出走。"

周书·牧誓

【原文】

时甲子昧爽，王朝至于商郊牧野，乃誓。

王左杖黄钺，右秉白旄以麾，曰："逖矣，西土之人！"

王曰："嗟！我有邦冢君御事，司徒、司邓、司空，亚旅、师氏、千夫长、百夫长，及庸，蜀、羌、髳、微、卢、彭、濮人。称尔戈，比尔干，立尔矛，予其誓。"

王曰："古人有言曰："牝鸡无晨；牝鸡之晨，惟家之索。"今商王受惟妇言是用，昏弃厥肆祀弗答，昏弃厥遗王父母弟不迪，乃惟四方之多罪逋逃是崇、是长，是信是使，是以为大夫卿士。俾暴虐于百姓，以奸宄于商邑。今予发惟恭行天之罚。

069

今日之事，不愆于六步、七步，乃止，齐焉。夫子勖哉！

不愆于四伐、五伐、六伐、七伐，乃止，齐焉。勖哉夫子！尚

桓桓如虎、如貔、如熊、如罴，于商郊弗御克奔，以役西土，

勖哉夫子！尔所弗勖，其于尔躬有戮！"

【译文】

在甲子日的黎明时刻，周武王率领军队来到商国都城郊外的牧野，于是誓师。武王左手拿着黄色大斧，右手拿着白色旄牛尾指挥，说：“远劳了，西方的人们！”

武王说：“啊！我们友邦的国君和办事的大臣，司徒、司马、司空，亚旅、师氏，千夫长、百夫长，以及庸、蜀、羌、髳、微、卢、彭、濮的人们，举起你们的戈，排列好你们的盾，竖起你们的矛，我要宣誓了。”

武王说：“古人有话说：‘母鸡没有早晨啼叫的；如果母鸡在早晨啼叫，这个人家就会衰落。’现在商王纣只是听信妇人的话，轻视对祖宗的祭祀

不问，轻视并遗弃他的同祖的兄弟不用，竟然只对

四方重罪逃亡的人，这样推崇，这样尊敬，这样信

任，这样使用，用他们做大夫、卿士的官。使他们

残暴对待老百姓，在商国作乱。现在，我姬发奉行

老天的惩罚。今天的战事，行军时，不超过六步、

七步，就要停下来整齐一下。将士们，要努力啊！

刺击时，不超过四次、五次、六次、七次，就要停

下来整齐一下。努力吧，将士们！希望你们威武雄

壮，像虎、貔、熊、罴一样，前往商都的郊外。不

要禁止能够跑来投降的人，以便帮助我们周国。努

力吧，将士们！你们如果不努力，就会对你们自身

有所惩罚！"

周书·洪范

【原文】

惟十有三祀，王访于箕子。王乃言曰："呜呼！箕子。惟天阴骘下民，相协厥居，我不知其彝伦攸叙？"

箕子乃言曰："我闻在昔，鲧堙洪水，汩陈其五行。帝乃震怒，不畀洪范九畴，彝伦攸斁。鲧则殛死，禹乃嗣兴，天乃锡禹洪范九畴，彝伦攸叙。

初一，曰五行；次二，曰敬用五事；次三，曰农用八政；次四，曰协用五纪；次五，曰建用皇极；次六，曰乂用三德；次七，曰明用稽疑；次八，曰念用庶征；次九，曰向用五福，威用六极。

一、五行：一曰水，二曰火，三曰木，四曰金，五曰土。水曰润下，火曰炎上，木曰曲直，金曰从革，土爰稼穑。润下作咸，炎上作苦，曲直作酸，从革作辛，稼穑作甘。

二、五事：一曰貌，二曰言，三曰视，四曰听，五曰思。貌曰恭，言曰从，视曰明，听曰聪，思曰睿。恭作肃，从作义，明作哲，聪作谋，睿作圣。

三、八政：一曰食，二曰货，三曰祀，四曰司空，五曰司徒，六曰司寇，七曰宾，八曰师。

四、五纪：一曰岁，二曰月，三曰日，四曰星辰，五曰历数。

五、皇极：皇建其有极。敛时五福，用敷锡厥庶民。惟时厥庶民于汝极。锡汝保极。凡厥庶民，无有淫朋，人无有比德，惟皇作极。凡厥庶民，有猷有为有守，汝则念之。不协于极，不罹于咎，皇则受之。而康而色，曰：'予攸好德'，汝则锡之福。时人斯其惟皇之极。无虐茕独而畏高明，人之有能有为，使羞其行，而邦其昌。凡厥正人，既富方谷，汝弗能使有好于而家，时人斯其辜。于其无，汝虽锡之福，其作汝用咎。无偏无颇，遵王之义；无有作好，遵王之道；无有作恶，遵王之路。无偏无党，王道荡荡；无党无偏，王道平平。无反无侧，王道正直。会其有极！归其有极。曰皇极之敷言，是彝是训，于帝其训。凡厥庶民极之敷言，是训是行，以近天子之光。曰：天子作民父母，以为天下王。

六、三德：一曰正直，二曰刚克，三曰柔克。平康，正直；强弗友，刚克；燮友，柔克。沈潜，刚克；高明，柔克。惟辟作福，惟辟作威，惟辟玉食。臣无有作福、作威、玉食。臣之有作福、作威、玉食，其害于而家，凶于而国，人用侧颇僻，民用僭忒。

七、稽疑：择建立卜筮人，乃命卜筮。曰雨，曰霁，曰蒙，曰驿，曰克，曰贞，曰悔，凡七。卜五，占用二，衍忒。立时人作卜筮，三人占，则从二人之言。汝则有大疑，谋及乃心，谋及卿士，谋及庶人，谋及卜筮。汝则从，龟从，筮从，卿士从，庶民从，是之谓大同。身其康强，子孙其逢，吉。汝则从，龟从，筮从，卿士逆，庶民逆，吉。卿士从，龟从，筮从，汝则逆，庶民逆，吉。庶民从，龟从，筮从，汝则逆，卿士逆，吉。汝则从，龟从，筮逆，卿士逆，庶民逆，作内，吉；作外，凶。龟筮共违于人，用静，吉，用作，凶。

八、庶征：曰雨，曰旸，曰燠，曰寒，曰风。曰时五者来备，各以其叙，庶草蕃庑。一极备，凶；一极无，凶。曰休征；曰肃、时雨若；曰乂，时旸若；曰晢，时燠若；曰谋，时寒若；曰圣，时风若。曰咎征：曰狂，恒雨若；曰僭，恒旸若；曰舒，恒燠若；曰急，恒寒若；曰蒙，恒风若。曰王省惟岁，卿士惟月，师尹惟日。岁月日时无易，百谷用成，乂用明，俊民用章，家用平康。日月岁时既易，百谷用不成，乂用昏不明，俊民用微，家用不宁。庶民惟星，星有好风，星有好雨。日月之行，则有冬有夏。月之从星，则以风雨。

九、五福：一曰寿，二曰富，三曰康宁，四曰攸好德，五曰考终命。六极：一曰凶短折，二曰疾，三曰忧，四曰贫，五曰恶，六曰弱。

【分器】

武王既胜殷，邦诸侯，班宗彝，作《分器》。

【译文】

周文王十三年，武王询问箕子。武王就说道："啊！箕子，上帝庇荫安定下民，使他们和睦相处，我不知道那治国常理的规定方法。"

箕子就回答说："我听说从前，鲧堵塞洪水，胡乱处理了水、火、木、金、土五种用物。上帝震怒，不赐给鲧九种大法，治国的常理因此败坏了。后来，鲧被流放死了，禹于是继承兴起。上帝就把九种大法赐给了禹，治国的常理因此定了下来。

"第一是五行。第二是认真做好五事。第三是努力施行八种政务。第四是合用五种记时方法。第五是建事使用皇极。第六是治理使用三种品德的人。第七是尊用以卜考疑的方法。第八是经常注意使用各种征兆。第九是凭五福鼓励臣民，凭六极警戒臣民。

"一、五行：一是水，二是火，三是木，四是金，五是土。水向下润湿，火向上燃烧，木可以弯曲、伸直，金属可以顺从人意改变形状，土壤可以种植百谷。向下润湿的水产生咸味，向上燃烧的火产生苦味，可曲可直的木产生酸味，顺从人意而改变形状的金属产生辣味，种植的百谷产生甜味。

"二、五事：一是容貌，二是言论，三是观察，四是听闻，五是思考。容貌要恭敬，言论要正当，观察要明白，听闻要广远，思考要通达。容貌恭敬就能严肃，言论正当就能治理，观察明白就能昭晰，听闻广远就能善谋，思考通达就能圣明。

"三、八种政务：一是管理民食，二是管理财

货，三是管理祭祀，四是管理居民，五是管理教

育，六是治理盗贼，七是管理朝觐，八是管理军

事。

"四、五种记时方法：一是年，二是月，三是

日；四是星辰的出现情况，五是日月运行所经历的

周天度数。

"五、君王的法则，君王建立政事要有法则：

掌握五福，用来普遍地赏赐给臣民，这样，臣民就

会尊重您的法则。贡献您保持法则的方法：凡是臣

下不要有邪党，百官不要有私相比附的行为，只有

把君王作榜样。凡是臣下有计谋有作为有操守的，

您就惦念他们。行为不合法则，但没有陷入罪恶的

人，你就成就他们；假若他们和悦温顺地说："我

遵行美德。"您就赐给他们好处，于是，臣民就会

思念君王的法则。不虐待无依无靠的人，而又不畏

显贵，臣下这样有才能有作为，就要让他献出他的

才能，国家就会繁荣昌盛。凡那些百官之长，既然

富有经常的俸禄，您不能使他们对国家有好处，于

是臣民就要责怪您了。对于那些没有好德行的人，

您即使赐给他们好处，将会使您受到危害。不要不

平，不要不正，要遵守王令；不要做私好，要遵守

王道；不要做威恶，要遵行正路。不要行偏，不要

结党，王道坦荡；不要结党，不要行偏，王道平

平；不要违反，不要倾侧，王道正直。团结那些守

法之臣，归附那些执法之君。君王，对于皇极的广

泛陈述，要宣扬教导，天帝就顺心了。凡是百官，

对于皇极的敷言，要遵守实行，用来接近天子的光

辉。天子作臣民的父母，因此才做天下的君王。

"六、三种品德：一是正直，二是过于刚强，三是过于柔弱。中正和平，就是正直；强不可亲就是刚克；和顺可亲就是柔克。应当抑制刚强不可亲近的人，推崇和顺可亲的人。只有君王才能作福，只有君王才能作威，只有君王才能享用美物。臣子不许有作福、作威、美食的情况。假若臣子有作福、作威、美食的情况，就会害及您的家，乱及您的国。百官将因此倾侧不正，百姓也将因此发生差错和疑惑。

"七、用卜决疑：选择建立掌管卜筮的官员，教导他们卜筮的方法。龟兆有的叫做雨，有的叫做霁，有的叫做蒙，有的叫做驿，有的叫做克；卦象有的叫做贞，有的叫做悔，共计有七种。龟兆用前五种，占筮用后两种，根据这些推演变化，决定吉凶。设立这种官员进行卜筮。三个人占卜，就听从两个人的说法。你若有重大的疑难，你自己要考虑，再与卿士商量，再与庶民商量，再与卜筮官员商量。你赞同，龟卜赞同，蓍筮赞同，卿士赞同，庶民赞同，这叫大同。这样，自身会康强，子孙会昌盛，很吉利。你赞同，龟卜赞同，蓍筮赞同，而卿士反对，庶民反对，也吉利。卿士赞同，龟卜赞同，蓍筮赞同，你反对，庶民反对，也吉利。庶民赞同，龟卜赞同，蓍筮赞同，你反对，卿士反对，也吉利。你赞同，龟卜赞同，蓍筮反对，卿士反对，庶民反对，在国内行事就吉利，在国外行事就不吉利。龟卜、蓍筮都与人意相违，不做事就吉利，做事就凶险。

"八、一些征兆：一叫雨，一叫晴，一叫暖，一叫寒，一叫风。一年中这五种天气齐备，各根据时序发生，百草就茂盛，一种天气过多就不好；一种天气过少，也不好。君王行为美好的征兆：一叫肃敬，就像及时降雨的喜人；一叫修治，就像及时晴朗的喜人；一叫明智，就像及时温暖的喜人；一叫善谋，就像及时寒冷的喜人；一叫通圣，就像及时刮风的喜人。君王行为坏的征兆：一叫狂妄，就像久雨的愁人；一叫不信，就像久晴的愁人；一叫逸豫，就像久暖的愁人；一叫严急，就像久寒的愁人；一叫昏昧，就像久风的愁人。君王之所视察，就像一年包括四时；卿士就像月，统属于岁；众尹就像日，统属于月。假若岁、月、日、时的关系没有改变，百谷就因此成熟，政治就因此清明，杰出的人才因此显扬，国家因此太平安宁。假若日、月、岁、时的关系全都改变，百谷就因此不能成熟，政治就因此昏暗不明，杰出的人才因此不能重用，国家因此不得安宁。百姓好比星星，有的星喜欢风，有的星喜欢雨。太阳和月亮的运行，就有冬天和夏天。月亮顺从星星，就要用风和雨润泽他们。

"九、五种幸福：一是长寿，二是富，三是健康安宁，四是遵行美德，五是高寿善终。六种不幸的事：一是早死，二是疾病，三是忧愁，四是贫穷，五是邪恶，六是不壮毅。"

周书·金滕

【原文】

既克商二年，王有疾，弗豫。二公曰："我其为王穆卜。"周公曰："未可以戚我先王？"公乃自以为功，为三坛，同墠；为坛于南方，北面，周公立焉，植璧秉珪，乃告太王、王季、文王。

史乃册祝曰："惟尔元孙某遘厉虐疾。若尔三王是有丕子之责于天，以旦代某之身。予仁若考能，多材多艺，能事鬼神。乃元孙不若旦多材多艺，不能事鬼神。乃命于帝庭，敷佑四方，用能定尔子孙于下地。四方之民罔不祗畏。呜呼！无坠天之降宝命，我先王亦永有依归。今我即命于元龟，尔之许我，我其以璧与珪，归俟尔命。尔不许我，我乃屏璧与珪。"

乃卜三龟，一习吉。启籥见书，乃并是吉。公曰："体！王其罔害。予小子新命于三王，惟永终是图；兹攸俟，能念予一人。"

公归，乃纳册于金縢之匮中。王翌日乃瘳。

武王既丧，管叔及其群弟乃流言于国翌曰："公将不利于孺子！"周公乃告二公曰："我之弗辟，我无以告我先王。"周公居东二年，则罪人斯得。于后，公乃为诗以贻王，名之曰《鸱号鸟》。王亦未敢诮公。

秋，大熟，未获，天大雷电以风，禾尽偃，大木斯拔，邦人大恐。王与大夫尽弁，以启金縢之书，乃得周公所自以为功代武王之说。二公及王乃问诸史与百执事。对曰："信。噫公命，我勿敢言。"

王执书以泣曰："其勿穆卜！昔公勤劳王家，惟予冲人弗及知。今天动威以彰周公之德，惟朕小子其新逆，我国家礼亦

宜之。"王出郊，天乃雨，反风，禾则尽起。二公命邦人凡大

木所偃，尽起而筑之。岁则大熟。

【译文】

周灭商后的第二年，武王生了重病，身体不安。太公、召公说："我们为王恭敬地卜问吉凶吧！"周公说："不可以为我们先王祷告吗？"周公就把自身作为抵押，清除一块土地，在上面筑起三座祭坛。又在三坛的南方筑起一座台子。周公面向北方站在台上，放着玉，拿着圭，就向太王、王季、文王祷告。

史官就写了策书，祝告说："你们的长孙姬发，遇到险恶的病。假若你们三位先王这时在天上有助祭的职责，就用我姬旦代替他的身子吧！我柔顺巧能，多材多艺，能奉事鬼神。你们的长孙不如我多才多艺，不能侍奉鬼神。而且他在天帝那里接受了任命，普遍取得了四方，因此能够在人间安定你们的子孙，天下的老百姓也无不敬畏他。唉！不要丧失上帝降给的宝贵使命，我们的先王也就永远有所归依。现在，我来听命于大龟，你们允许我，我就拿着璧和圭归向你们，等待你们的命令；你们不允许我，我就收藏璧和圭，不敢再请了。"

于是卜问三龟，都重复出现吉兆。打开藏书的锁钥查书，竟然都是吉利。周公说："根据兆形，王会没有危险。我新向三位先王祷告，只图国运长远；现在期待的，是先王能够俯念我的诚心。"周公回去，把册书放进金属束着的匣子中。第二天，周武王的病就好了。

武王死后，管叔和他的几个弟弟就在国内散布谣言。说："周公将会对成王不利。"周公就告诉太公、石公说："我不摄政，我将无辞告我先王。"周公留在东方两年，罪人就捕获了。后来，周公写了一首诗送给成王，叫它为《鸱鸮》。结果，成王只是不敢责备周公。

秋天，百谷成熟，还没有收获，天空出现雷电与大风。庄稼都倒了，大树都被拔起，国人非常恐慌。周成王和大夫们都戴上礼帽，打开金属束着的匣子，于是得到了周公以自身为质、请代武王的祝辞。太公、召公和成王就询问众史官以及许多办事官员。他们回答说："确实的。唉！周公告诫我们不能说出来。"

成王拿着册书哭泣，说："不要敬卜了！过去，周公勤劳王室，我这年轻人来不及了解。现在上天动怒来表彰周公的功德，我小子要亲自去迎接，我们国家的礼制也应该这样。"成王走出郊外，天就下着雨，风向也反转了，倒伏的庄稼又全部伸起来。太公、召公命令国人。凡大树所压的庄稼，要全部扶起来，又培好根，这一年的年成却是个大丰收。

周书·大诰

【原文】

王若曰："猷大诰尔多邦越尔御事，弗吊天降割于我家，不少延。洪惟我幼冲人嗣无疆大历服，弗造哲，迪民康，矧曰其有能格知天命！

已！予惟小子若涉渊水，予惟往求朕攸济。敷贲敷前人受命，兹不忘大功。予不敢于闭。

天降威，用文王遗我大宝龟绍天明。即命曰："有大艰于西土，西土人亦不静，越兹蠢殷小腆，诞敢纪其叙！天降威，知我国有疵，民不康，曰："予复！"反鄙我周邦，今蠢今翼。日，民献有十夫予翼，以于敉文、武图功。我有大事！休！"朕卜并吉！"

肆予告我友邦君越尹氏、庶士、御事曰："予得吉卜，予惟以尔庶邦于伐殷逋播臣。"尔庶邦君越庶士、御事罔不反曰："艰大民不静，亦惟在王宫、邦君室。越予小子考，翼不可征，王害不违卜？"

肆予冲人永思艰，曰：呜虖！允蠢，鳏寡哀哉！予造天役遗，大投艰于朕身。越予冲人不卬自恤。义尔邦君越尔多士、尹氏、御事绥予曰：'无毖于恤！不可不成乃宁考图功！'

已！予惟小子不敢僭上帝命。天休于宁王，与我小邦周，宁王惟卜用，克绥受兹命。今天其相民，矧亦惟卜用。呜虖！天明畏，弼我丕丕基！

王曰："尔惟旧人，尔丕克远省？尔知宁王若勤哉！天閟毖我成功所，予不敢不极卒宁王图事。肆予大化诱我友邦君：天棐忱辞，其考我民，予害其不于前宁人图功攸终！天亦惟用勤毖我民，若有疾，予曷敢不于前宁人攸受休毕！"

王曰："若昔朕其逝，朕言艰日思。若考作室，既厎法，厥子乃弗肯堂，矧肯构；厥考翼其肯曰：‘予有后，弗弃基？’厥父菑，厥子乃弗肯播，矧肯获？肆予曷敢不越卬敉宁王大命！若兄考，乃有伐厥子，民养其劝弗救？”

王曰：“呜呼！肆我告尔庶邦君，越尔御事。爽邦由哲，亦惟十人迪知上帝命越天棐忱，尔时罔敢易定，矧今天降戾于周邦，惟大艰人诞邻胥伐于厥室；尔亦不知天命不易！”

“予永念曰：天惟丧殷，若穑夫，予害敢不终朕亩！天亦惟休于前文人，予害其极卜？敢弗于从率宁人有旨疆土，矧今卜并吉！肆朕诞以尔东征。天命不僭，卜陈惟若兹。”

【译文】

王这样说："遍告你们众国君主和你们的办事大臣。很不幸的是上帝给我们国家降下灾祸，不稍间断。我这个幼稚的人继承了远大悠久的王业。没有遇到明哲的人，指导老百姓安定下来，何况说会有能度知天命的人呢？唉！我小子像渡过深渊，我应当前往寻求我渡过去的办法。大宝龟帮助前人接受天命，至今不能忘记它的大功。在上天降下灾难的时刻我不敢把它闭藏着，用文王留给我们的大宝龟，卜问天命。我向大龟祷告说：'在西方有大灾难，西方人也不安静，现在也蠢动了。殷商的小主竟敢组织他的残余力量。天帝降下灾祸，他们知道我们国家有困难，民不安静。他们说：我们要复国！反而图谋我们周国，现在他们动起来飞起来了。这些天有十位贤者来帮助我，我要和他们前往完成文王、武王所谋求的功业。我们将有战事，会吉利吗？'我的卜兆全都吉利。

"所以我告诉我的友邦国君和各位大臣说：'我现在得到了吉卜，打算和你们众国去讨伐殷商那些叛乱的罪人。'你们各位国君和各位大臣没有不反对说：'困难很大，老百姓不安宁，也有在王室和邦君室的人。我们这些小子考虑，或许不可征讨吧，大王为什么不违背龟卜呢？'

"现在我深深地考虑着艰难，我说：'唉！确实惊扰了苦难的人民，真痛心啊！我受天命的役使，天帝把艰难的事重托给我，我不暇只为自身忧虑。你们众位邦君与各位大臣应该安慰我说：

105

'不要被忧患吓倒，不可不完成您文王所谋求的功

业！'

"唉！我小子不敢废弃天命。天帝嘉惠文王，

振兴我们小小的周国，当年文王只使用龟卜，能够

承受这天命。现在天帝帮助老百姓，何况也是使用

龟卜呢？啊！天命可畏，你们辅助我们伟大的事业

吧！"

王说："你们是老臣，你们多能远知往事，你

们知道文王是如何勤劳的啊！天帝慎重地告诉我们

成功的办法，我不敢不快速完成文王图谋的事业。

现在我劝导我们友邦的君主：天帝用诚信的话帮助

我们，要成全我们的百姓，我们为什么不对前文王

图谋的功业谋求完成呢？天帝也想施加勤苦给我们

老百姓，好象有疾病，我们怎敢不对前文王所受的

疾病好好攘除呢？"

王说："像往日讨伐纣王一样，我将要前往，我想说些艰难日子里的想法。好象父亲建屋，已经确定了办法，他的儿子却不愿意打地基，况且愿意盖屋吗？他的父亲新开垦了田地，他的儿子却不愿意播种，况且愿意收获吗？这样，他的父亲或许会愿意说，我有后人不会废弃我的基业吗？所以我怎敢不在我自己身上完成文王伟大的使命呢？又好比兄长死了，却有人群起攻击他的儿子，为民长上的难道能够相劝不救吗？"

王说："啊！努力吧，你们诸位邦君和各位官员。使国家清明要用明智的人，现在也有十个人引导我们知道天命和天帝辅助诚信的道理，你们不能轻视这些！何况现在天帝已经给周国降下了定命

呢？那些发动叛乱的大罪人，勾结邻国，同室操

戈。你们也不知天命不可改变吗？

　　"我长时间考虑着：天帝要灭亡殷国，好象农

夫一样，我怎敢不完成我的田亩工作呢？天帝也想

嘉惠我们先辈文王，我们怎能放弃吉卜呢？怎敢不

前去重新巡视文王美好的疆土呢？更何况今天的占

卜都是吉兆呢？所以我要大规模地率领你们东征，

天命不可不信，卜兆的指示应当遵从呀！"

周书·康诰

【原文】

惟三月哉生魄，周公初基作新大邑于东国洛，四方民大和会，侯、甸、男邦，采、卫百工、播民，和见士于周。周公咸勤，乃洪大诰治。

王若曰：“孟侯，朕其弟小子封。惟乃丕显考文王克明德慎罚，不敢侮鳏寡，庸庸祗祗威威显民，用肇造我区夏，越我一、二邦以修我西土。惟时怙冒闻于上帝。帝休，天乃大命文王殪戎殷，诞受厥命越厥邦民。惟时叙乃寡兄勖，肆汝小子封在兹东土。”

王曰：“呜呼！封，汝念哉！今民将在！祗遹乃文考，绍闻衣德言。往敷求于殷先哲王，用保乂民；汝丕远惟商耇成人，宅心知训。别求闻由古先哲王，用康保民。宏于天若德，裕乃身不废在王命。"

王曰："呜呼！小子封，恫瘝乃身，敬哉！天畏棐忱；民情大可见，小人难保。往尽乃心，无康好逸，乃其乂民。我闻曰：'怨不在大，亦不在小。'惠不惠，懋不懋。"

已！汝惟小子，乃服惟弘。王应保殷民，亦惟助王宅天命，作新民。"

王曰："呜呼！封，敬明乃罚。人有小罪，非眚，乃惟终，自作不典，式尔；有厥罪小，乃不可不杀。乃有大罪，非终，乃惟眚灾，适尔；既道极厥辜，时乃不可杀。"

王曰："呜呼！封，有叙时，乃大明服，惟民其勅懋和。若有疾，惟民其毕弃咎。若保赤子，惟民其康乂。非汝封刑人杀人，无或刑人杀人。非汝封又曰劓刵人，无或劓刵人。"

王曰："外事，汝陈时臬司，师兹殷罚有伦。"又曰："要囚，服念五六日至于旬时，丕蔽要囚。"

王曰："汝陈时臬事，罚蔽殷彝，用其义刑义杀，勿庸以次汝封。乃汝尽逊，曰时叙，惟曰未有逊事。

已！汝惟小子，未其有若汝封之心。朕心朕德，惟乃知。

凡民自得罪，寇攘奸宄，杀越人于货，暋不畏死，罔弗憝。

王曰："封！元恶大憝，矧惟不孝不友。子弗祗服厥父事，大伤厥考心；于父不能字厥子，乃疾厥子。于弟弗念天显，乃弗克恭厥兄；兄亦不念鞠子哀，大不友于弟。惟吊兹不于我政人得罪，天惟与我民彝大泯乱，曰：乃其速由文王作罚，刑兹无赦。

不率大戛，矧惟外庶子、训人惟厥正人越小臣诸节。乃别播敷，造民大誉，弗念弗庸，瘝厥君，时乃引恶，惟朕憝。已！汝乃其速由兹义率杀。亦惟君惟长不能厥家人越厥小臣外正惟威惟虐，大放王命；乃非德用义。汝亦罔不克敬典乃由。裕民惟文王之敬忌，乃裕民曰：'我惟有及。'则予一人以怿。

王曰："封，爽惟民迪吉康，我时其惟殷先哲王德用康乂民作求；矧今民罔迪，不适不迪，则罔政在厥邦。"

王曰："封，予惟不可不监，告汝德之说于罚之行。今惟民不静，未戾厥心，迪屡未同；爽惟天其罚殛我，我其不怨。惟厥罪无在大，亦无在多，矧曰其尚显闻于天？"

王曰："呜呼！封，敬哉！无作怨，勿用非谋非彝蔽时忱。丕则敏德，用康乃心，顾乃德，远乃猷，裕乃以民宁，不汝瑕殄。"

王曰："呜呼！肆汝小子封，惟命不于常，汝念哉！无我殄享。明乃服命，高乃听，用康乂民。"

王若曰："往哉！封！勿替敬，典听朕告，汝乃以殷民世享。"

【译文】

三月间月光初生，周公开始计划在东方的洛水旁边建造一个新的大城市，四方的臣民都同心来会。侯、甸、男的邦君，采、卫的百官，殷商的遗民都来会见，为周王室服务。周公普遍慰劳他们，于是代替成王大诰治殷的方法。

王这样说："诸侯之长，我的弟弟，年轻的封啊！你的伟大光明的父亲文王，能够崇尚德教，慎用刑罚；不敢欺侮无依无靠的人，任用当用的人，尊敬当敬的人，威慑应当威慑的人，这些都显示于人民，因而开始造就了我们小夏，和我们的几个友邦共同治理我们西方。文王这种重大努力，被上帝知道了，上帝很高兴，就降大命给文王。灭亡大国

殷，接受上帝的大命和殷国殷民，继承文王的基

业，是长兄武王努力所致，所以你这年轻人才封在

这东土。

王说："封，你要考虑啊！现在殷民将观察你

恭敬地追随文王，努力听取殷人的好意见。你去殷

地，要遍求殷代圣明先王用来保养百姓的方法，你

还要深长思考殷商长者揣度民心的明智教导。另

外，你还要探求古时圣明帝王安保百姓的遗训。要

比天还宏大，用和顺的美德指导自己，不停地去完

成王命！"

王说："年轻的封，治理国家应当苦身劳形，

要谨慎啊！上天辅助诚信的人，民情大致可以看

出，百姓难于安定。你去殷地要尽你的心意，不要

苟安贪图逸乐，才会治理好百姓。我听说：'民怨

不在于大，也不在于小。要使不顺从的顺从，不努

力的努力。'你这个年轻人，你的职责就是宽大对

待王家所接受保护的殷民，也是辅佐王家确定天

命，革新殷民。"

王说："封，要认真通晓那些刑罚。人有小

罪，不是过失，而是经常自作不法；这样，即使他

的罪行小，却不可不杀。人有大罪，不是经常自作

不法而是过失；假如这样，他已经说尽了他的罪

过，这个人就不可杀。"

王说："封，能够顺从这样去做，就都会明白

上意心悦诚服；人民就会互相告诫，和顺相处。好

像自己有病一样，看待臣民犯罪，臣民就会完全抛

弃咎恶；好像保护小孩一样，保护臣民，臣民就会

康乐安定。

"不是你姬封刑人杀人，没有人敢刑人杀人；不是你姬封有令要割鼻断耳，没有人敢施行割鼻断耳的刑罚。"

王说："判断案件，你要宣布这些法则管理狱官，这样，殷人的刑罚就会有条理。"王又说："囚禁的犯人，必须考虑五、六天，至于十天，才判决他们。"

王说："你宣布这些法律进行惩罚。判断案件，要依据殷人的常法，采用适宜的刑杀条律，不要顺从你的心意。假如完全顺从你的意志断案才叫顺当，应当说不会有顺当的事。唉！你是年轻人，不可顺从你姬封的心意。我的心意，你要理解。

"老百姓凡因这些行为犯罪：偷窃、抢夺、内外作乱、杀远人取财货，强横不怕死。这些罪行没有人不怨恨。"

王说："封啊，首恶招人大怨，也有些是不孝顺不友爱的。儿子不认真治理他父亲的事，大伤他父亲的心；父亲不能爱怜他的儿子，反而厌恶儿子；弟弟不顾天伦，不尊敬他的哥哥；哥哥也不顾念小弟弟的痛苦，对小弟弟极不友爱。父子兄弟之间竟然到了这种地步，不由行政人员去惩罚他们，上帝赋予老百姓的常法就会大混乱。我说，就要赶快使用文王制定的刑罚，惩罚这些人，不要赦免。

"不遵守国家大法的，也有诸侯国的庶子、训人和正人、小臣、诸节等官员。竟然另外发布政令，告谕百姓，大大称誉不考虑不执行国家法令的人，危害国君；这就助长了恶人，我怨恨他们。唉！你就要迅速根据这些条例捕杀他们。

"也有这种情况，诸侯不能教育好他们的家人和内外官员，作威肆虐，完全放弃王命；这些人就不可用德去治理。

"你也不要不能崇重法令。前往教导老百姓，要思念文王的赏善罚恶；前往教导老百姓说：'我们只求继承文王。'那么，我就高兴了。"

王说："封啊，老百姓受到教化才会善良安定，我们时时要思念着殷代圣明先王的德政，用来安治殷民，作为法则。并且现在的殷民不加教导，就不会善良；不加教导，就没有善政保存殷国。"

王说："封啊，我们不可不看清这些，我要告诉你施行德政的意见和招致责罚的道理。现在老百姓不安静，没有安定他们的心，教导屡屡，仍然不曾和同，上天将要责罚我们，我们不可怨恨。本来罪过不在于大，也不在于多，何况这些罪过还被上天明显地听到呢？"

王说："唉！封，要谨慎啊！不要制造怨恨，不要使用不好的计谋，不要采取不合法的措施，以蔽塞你的诚心。于是努力施行德政，以安定殷民的心，挂记他们的善德，宽缓他们的徭役，丰足他们的衣食；人民安宁了，上天就不会责备和抛弃你了。

王说："啊，努力吧！你这年轻的姬封。天命不只帮助一家，你要记住啊！不要抛弃我的忠告，要明确你的职责和使命，重视你的听闻，用来安治老百姓。"

王这样说："去吧！姬封啊，不要放弃警惕，经常听取我的忠告，你就可以和殷民世世代代享有殷国。"

周书·酒诰

中国·西部

【原文】

王若曰："明大命于妹邦！乃穆考文王肇国在西土，厥诰毖庶邦庶士越少正御事，朝夕曰：'祀兹酒！惟天降命，肇我民，惟元祀。天降威，我民用大乱丧德，亦罔非酒惟行；越小大邦用丧，亦罔非酒惟辜。'"

文王诰教小子：有正有事，无彝酒；越庶国，饮惟祀，德将无醉；惟曰我民迪。小子！惟土物爱，厥心臧，聪听祖考之遗训，越小大德。

小子！惟一妹土，嗣尔股肱，纯其艺黍稷，奔走事厥考厥长。肇牵车牛远服贾用孝养厥父母。厥父母庆，自洗腆致用酒。

"庶士、有正越庶伯、君子！其尔典听朕教！尔大克羞耇惟君，尔乃饮食醉饱。丕惟曰：尔克永观省，作稽中德。尔尚克羞馈祀，尔乃自介用逸。兹乃允惟王正、事之臣，兹亦惟天若元德，永不忘在王家！"

王曰："封！我西土棐徂，邦君、御事、小子，尚克用文王教，不腆于酒，故我至于今，克受殷之命。"

王曰："封，我闻惟曰：在昔殷先哲王，迪畏天显小民，经德秉哲。自成汤咸至于帝乙，成王畏相。惟御事厥棐有恭，不敢自暇自逸，矧曰其敢崇饮。越在外服：侯、甸、男、卫邦伯；越在内服，百僚庶尹、惟亚、惟服、宗工，越百姓、里居：罔敢湎于酒。不惟不敢，亦不暇，惟助成王德显，越尹人、祇辟。"

"我闻亦惟曰：在今后嗣王酣身厥命，罔显于民祇，保越怨不易。诞惟厥纵淫泆于非彝，用燕丧威仪，民罔不尽伤心。惟荒腆于酒，不惟自息乃逸。厥心疾很，不克畏死。辜在商邑

越殷国灭无罹。弗惟德馨香、祀登闻于天，诞惟民怨，庶群自

酒，腥闻在上，故天降丧于殷，罔爱于殷，惟逸。天非虐，惟

民自速辜！”

王："封！予不惟若兹多诰。古人有言曰：'人无于水

监，当于民监。'今惟殷坠厥命，我其可不大监抚于时！

予惟曰："汝劼毖殷献臣、侯、甸、男、卫，矧太史友、

内史友越献臣百宗工，矧惟尔事，服休、服采；矧惟若畴，圻

父薄违，农父若保，宏父定辟，矧汝刚制于酒。"

厥或诰曰：'群饮'，汝勿佚，尽执拘以归于周，予其

杀。又惟殷之迪诸臣惟工乃湎于酒，勿庸杀之，姑惟教之。

有斯明享，乃不用我教，辞惟我一人弗恤、弗蠲乃事，时同于

杀。"

王曰："封！汝典听朕毖，勿辩乃司民湎于酒。"

【译文】

王这样说："要在卫国宣布一项重大教命。当初，穆考文王在西方创立国家。他早晚告诫各国诸侯、各位卿士和各级官员说：'祭祀时，才饮酒。'上帝降下教令，劝勉我们臣民，只在大祭时才饮酒。上帝降下惩罚，我们臣民平常大乱失德，也没有不是以酗酒为罪的。

"文王还告诫在王朝担任大小官职的子孙，不要经常饮酒。告诫在诸侯国任职的子孙，只有在祭祀时才可以饮酒，并要用德扶持，不要喝醉了。文王还告诫我们的臣民要教导子孙珍惜粮食，使我们的思想善良。我们要听清前辈的常训，发扬大大小小的美德！

"殷民们，你们要专心住在卫国，用你们的手足力量，专心种植黍稷，勤勉地奉事你们的父兄。农事完毕以后，勉力牵牛赶车，到外地去从事贸易，孝顺赡养父母；父母高兴，你们办了美好丰盛的膳食，可以饮酒。

"各级官员们，你们要经常听从我的教导！你们都能进献酒食给老人和君主，你们就能喝醉吃饱。我想，你们能够长久地观察自己，使自己的言行符合中正的美德，你们还能够参加国君举行的祭祀。你们如果自己限制行乐饮酒，这样就能长期成为王家的治事官员。这些是上帝所赞赏的大德，将永远不会被王家忘记。"

王说："封啊，我们西土辅导帮助诸侯和官员，常常能够遵从文王的教导，不多饮酒，所以我们到今天，能够接受重大的使命。"

王说："封啊，我听到有人说：'过去，殷的先人明王畏惧天命和百姓，施行德政，保持恭敬。从成汤延续到帝乙，明君贤相都考虑着治理国事，他们颁布政令很认真，不敢自己安闲逸乐，何况敢聚众饮酒呢？在外地的侯、甸、男、卫的诸侯，在朝中的各级官员、宗室贵族以及退住在家的官员，没有人敢酣乐在酒中。不但不敢，他们也没有闲暇，他们只想助成王德使它显扬，助成长官重视法令。'

"我听到也有人说：'在近世的商纣王，好酒，以为有命在天，不明白臣民的痛苦，安于怨恨而不改。他大作淫乱，游乐在违反常法的活动之中，因宴乐而丧失了威仪，臣民没有不悲痛伤心的。商纣王只想放纵于酒，不想自己制止其淫乐。他心地狠恶，不能以死来畏惧他。他作恶在商都，对于殷国的灭亡，没有忧虑过。没有明德芳香的祭祀升闻于上天；只有老百姓的怨气、只有群臣私自饮酒的腥气升闻于上。所以，上帝对殷邦降下了灾祸，不喜欢殷国，就是淫乐的缘故。上帝并不暴虐，是殷民自己招来了罪罚。"

王说："封啊，我不想如此多告了。古人有话说：'人不要只从水中察看，应当从民情上察看。'现在殷商已丧失了他的福命，我们难道可以不大大地省察这个事实！我想告诉你，你要慎重告诫殷国的贤臣，侯、甸、男、卫的诸侯，又朝中记事记言的史官，贤良的大臣和许多尊贵的官员，还有你的治事官员，管理游宴休息和祭祀的近臣，还

有你的三卿，讨伐叛乱的圻父，顺保百姓的农父，

制定法度的宏父：'你们要强行断绝饮酒！'

"假若有人报告说：'有人群聚饮酒。'你不

要放纵他们，要全部逮捕起来送到周京，我将杀掉

他们。又殷商的辅臣百官酣乐在酒中，不用杀他

们，暂且先教育他们。有这样明显的劝戒，若还有

人不遵从我的教令，我不会怜惜，不会赦免，处治

这类人，同群聚饮酒者一样，要杀。"

王说："封啊，你要经常听从我的告诫，不要

使你的官员酣乐在酒中。"

周书·梓材

【原文】

王曰："封，以厥庶民暨厥臣达大家，以厥臣达王，惟邦君。汝若恒越曰：'我有师师：司徒、司马、司空、尹、旅！'曰：'予罔厉杀人！亦厥君先敬劳，肆徂厥敬劳。肆往奸宄、杀人、历人宥，肆亦见厥君事戕败人宥。'"

王启监，厥乱为民。曰："无胥戕！无胥虐！至于敬寡，至于属妇，合由以容。"王其效邦君越御事，厥命曷以，"引养、引恬。"自古王若兹，监罔攸辟！惟曰：若稽田，既勤敷菑，惟其陈修，为厥疆畎。若作室家，既勤垣墉，惟其涂塈茨。若作梓材，既勤朴斫，惟其涂丹雘。

今王惟曰：先王既勤用明德怀，为夹庶邦享作。兄弟方来，亦既用明德，后式典集，庶邦丕享。皇天既付中国民越厥疆土于先王，肆王惟德用和怿先后为迷民，用怿先王受命。已！若兹监。惟曰："欲至于万年，惟王子子孙孙永保民。"

【文景】

【译文】

王说："封，从殷的老百姓和他们的官员到卿大夫，从他们的官员到诸侯和国君，你要顺从常典。

"告诉我们的各位官长、司徒、司马、司空、大夫和众士说：'我们不滥杀无罪的人。'各位邦君也当以敬重慰劳为先，努力去施行那些敬重慰劳人民的事吧！

"往日，内外作乱的罪犯、杀人的罪犯、虏人的罪犯，要宽恕；往日，泄露国君大事的罪犯、残坏人体的罪犯，也要宽恕。

"王者建立诸侯，大率在于教化人民。他说：'不要互相残害，不要互相暴虐，至于鳏夫寡妇，至于孕妇，要同样教导和宽容。'王者教导诸侯和诸侯国的官员，他的诰命是用什么呢？就是'长养百姓，长安百姓'。自古君王都像这样监督，没有什么偏差！

"我想：好像作田，既已勤劳地开垦、播种，就应当考虑整治土地，修筑田界，开挖水沟。好比造房屋，既已勤劳地筑起了墙壁，就应当考虑完成涂泥和盖屋的工作。好比制作梓木器具，既已勤劳地剥皮砍削，就应当考虑完成彩饰的工作。

"现在我们王家考虑：先王既已努力施行明德，来作洛邑，各国都来进贡任役，兄弟邦国也都来了。又是已经施行了明德，诸侯就依据常例来朝见，众国才来进贡。

"上天既已把中国的臣民和疆土都付给先王，

今王也只有施行德政，来和悦、教导殷商那些迷惑

的人民，用来完成先王所受的使命。像这样治理殷

民，我想你将传到万年，同王的子子孙孙永远保有

殷民。"

周书·召诰

【原文】

惟二月既望，越六日乙未，王朝步自周，则至于丰。

惟太保先周公相宅。越若来三月，惟丙午朏，越三日戊申，太保朝至于洛，卜宅；厥既得卜，则经营。越三日庚戌，太保乃以庶殷攻位于洛汭。越五日甲寅，位成。

若翼日乙卯，周公朝至于洛，则达观于新邑营。越三日丁巳，用牲于郊，牛二。越翼日戊午，乃社于新邑，牛一，羊一，豕一。

越七日甲子，周公乃朝用书，命庶殷侯、甸、男邦伯。厥既命殷庶，庶殷丕作。

太保乃以庶邦冢君出取币，乃复入锡周公。周公曰："拜手稽首，旅王若公。诰告庶殷越自乃御事：呜呼，皇天上帝改厥元子，兹大国殷之命，惟王受命，无疆惟休，亦无疆惟恤。

呜呼，曷其奈何弗敬！

天既遐终大邦殷之命，兹殷多先哲王在天，越厥后王后民，兹服厥命。厥终，智藏，瘝在！越知保抱携持厥妇子以哀吁天，徂，厥亡，出执！呜呼，天亦哀于四方民，其眷命用懋！王其疾敬德！

相古先民有夏，天迪从子保，面稽天若，今时既坠厥命。今相有殷，天迪格保；面稽天若，今时既坠厥命。今冲子嗣则无遗寿耇，曰：“其稽我古人之德，矧曰其有能稽谋自天。’

呜呼！有王虽小，元子哉。其丕能諴于小民。今休，王不敢后，用顾畏于民碞。王来绍上帝，自服于土中。旦曰：‘其作大邑，其自时配皇天。毖祀于上下，其自时中乂。’王厥有成命治民，今休。

王先服殷御事，比介于我有周御事，节性惟日其迈。王敬作所，不可不敬德！

我不可不监于有夏，亦不可不监于有殷。我不敢知曰有夏服天命惟有历年，我不敢知曰不其延，惟不敬厥德乃早坠厥命。我不敢知曰有殷受天命惟有历年，我不敢知曰不其延。惟不敬厥德乃早坠厥命。今王嗣受厥命，我亦惟兹二国命，嗣若功。

王乃初服！呜呼，若生子，罔不在厥初生，自贻哲命！今天其命哲，命吉凶，命历年。知今我初服，宅新邑，肆惟王其疾敬德！王其德之用，祈天永命！

其惟王勿以小民淫用非彝，亦敢殄戮，用乂民若有功。其惟王位在德元，小民乃惟刑用于天下，越王显。上下勤恤，其曰我受天命，丕若有夏历年，式勿替有殷历年！欲王以小民受天永命！

拜手稽首，曰："予小臣敢以王之雠民百君子越友民保受

王威命明德！王末有成命，王亦显。我非敢勤，惟恭奉币，用

供王能祈天永命。”

【译文】

二月十六日以后，到第六天乙未，成王早晨从镐京步行，到了丰邑。

太保召公在周公之前，到洛地视察营建的地址。到了下三月丙午，新月初现光辉。到了第三天戊申，太保早晨到达了洛地，卜问所选的地址。太保已经得了吉兆，就规划起来。到第三天庚戌，太保便率领众多殷民，在洛水与黄河汇合的地方测定新邑的位置。到第五天甲寅，位置确定了。

到了明日乙卯，周公早晨到达洛地，就全面视察新邑的区域。到第三天丁巳，在南郊用牲祭祀上帝，用了两头牛。到明日戊午，又在新邑举行祭地的典礼，用了一头牛、一头羊和一头猪。到第七天甲子，周公就在早晨用诰书命令殷民以及侯、甸、男各国诸侯营建洛邑。已经命令了殷民之后，殷民就大举动工。

于是太保同众国君长出来取了币帛，再入内进献给周公。太保说："跪拜叩头报告我王，请顺从周公的意见告诫殷民和任用殷商的旧臣。

"皇天上帝改变了天下的元首，结束了大国殷的福命。大王接受了任命，美好无穷无尽，忧患也无穷无尽。怎么能够不谨慎啊？

"上帝早就要结束大国殷的福命，这个殷国许多圣明的先王都在天上，因此殷商后来的君王和臣民，才能够享受着天命。到了纣王的末年，明智的人隐藏了，害民的人在位。人们只知护着、抱着、牵着、扶着他们的妻子儿女，悲哀地呼告上天，诅咒纣王灭亡，企图脱离困境。啊！上帝也哀怜四方的老百姓，它眷顾百姓的命运因此更改殷命。大王要赶快认真施行德政呀！

"观察古时候的先民夏代，上帝教导顺从慈保，努力考求天意，现在已经丧失了王命。现在观察殷代，上帝教导顺从嘉保，努力考求天意，现在也已经丧失了王命。当今你这年轻人继承了王位，没有多馀的老成人，考求我们古代先王的德政，何况说有能考求无意的人呢？

"啊！王虽然年轻，却是元首啊！要特别能够和悦老百姓。现在可喜的是：王不敢迟缓营建洛邑，对殷民的艰难险阻常常顾念和畏惧；王来卜问上帝，打算亲自在洛邑治理他们。"

姬旦对我说：'要营建洛邑，要从这里以始祖后稷配天，谨慎祭祀天地，要从这个中心地方统治天下；王已经有定命治理人民了。'现在可喜的是：王重视使用殷商旧臣，并使他们亲近我们周王朝的治事官员，使他们和睦的感情一天天地增长。

"王重视造作新邑，不可以不重视行德。

"我们不可不鉴戒夏代，也不可不鉴戒殷代。我不敢知晓说，夏接受天命有长久时间；我也不敢知晓说，夏的国运不会延长。我只知道他们不重视行德，才过早失去了他们的福命。

"我不敢知晓说，殷接受天命有长久时间；我也不敢知晓说，殷的国运不会延长。我只知道他们不重视行德，才过早失去了他们的福命。现今大王继承了治理天下的大命，我们也该思考这两个国家的命运，继承他们的功业。

"王是初理政事。啊！好像教养小孩一样，没有不在开初教养时，就亲自传给他明哲的教导的。现今上帝该给予明哲，给予吉祥，给予永年；因为上帝知道我王初理国事时，就住到新邑来了。现在王该加快认真推行德政！王该用德政，向上帝祈求长久的福命。

"愿王不要让老百姓肆行非法的事，也不要用杀戮来治理老百姓，才会有功绩。愿王立于德臣之首，让老百姓效法施行于天下，发扬王的美德。君臣上下勤劳忧虑，也许可以说，我们接受的大命会象夏代那样久远，不止殷代那样久远，愿君王和臣民共同接受好上帝的永久大命。"

召公跪拜叩头说："我这小臣和殷的臣民以及友好的臣民，会安然接受王的威严命令，宣扬王的

大德。王终于决定营建洛邑，王也会光显了。我不

敢慰劳王，只想恭敬奉上币帛，以供王去好好祈求

上帝的永久福命。"

周书·洛诰

【原文】

周公拜手稽首曰："朕复子明辟王如弗敢及天基命定命，予乃胤保大相东土，其基作民明辟。予惟乙卯朝至于洛师。我卜河朔黎水，我乃卜涧水东，瀍水西，惟洛食。我又卜瀍水东，亦惟洛食。伻来以图及献卜。"

王拜手稽首曰："公不敢不敬天之休，来相宅，其作周匹，休公既定宅，伻来，来视予卜休恒吉，我二人共贞。公其以予万亿年敬天之休！拜手稽首诲言。"

周公曰："王肇称殷礼，祀于新邑，咸秩无文。予齐百工，伻从王于周，予惟曰：'庶有事。'今王即命曰：'记功宗，以功作元祀。'惟命曰：'汝受命笃弼，丕视功载，乃汝其悉自教工。'

孺子其朋，孺子其朋，其往！无若火始炎炎；厥攸灼，叙弗其绝厥若。彝及抚事如。予惟以在周工往新邑。伻向即有僚，明作有功，惇大成裕，汝永有辞。

公曰："已！汝惟冲子，惟终。汝其敬识百辟享，亦识其有不享。享多仪，仪不及物，惟曰不享。惟不役志于享，凡民惟曰不享，惟事其爽侮。乃惟孺子颁，朕不暇听。

朕教汝于棐民彝，汝乃是不蘉，乃时惟不永哉。笃叙乃正父，罔不若予，不敢废乃命。汝往敬哉！兹予其明农哉！彼裕我民，无远用戾。"

王若曰："公，明保予冲子。公称丕显德，以予小子扬文武烈，奉答天命，和恒四方民居师；惇宗将礼，称秩元祀，咸秩无文。惟公德明光于上下，勤施于四方，旁作穆穆，御衡不迷。文武勤教，予冲子夙夜毖祀！"王曰："公功棐迪笃，罔不若时。"

王曰：“公，予小子其退，即辟于周，命公后。四方迪乱，未定于宗礼，亦未克敉公功，迪将其后，监我士师工，诞保文武受民，乱为四辅。”王曰：“公定，予往已以功肃将祗欢，公无困哉我！惟无斁其康事，公勿替刑，四方其世享。”

周公拜手稽首曰：“王命予来，承保乃文祖受命民，越乃光烈考武王弘朕。恭孺子来相宅，其大惇典殷献民，乱为四方新辟，作周恭先。曰其自时中乂，万邦咸休，惟王有成绩。予旦以多子越御事笃前人成烈，苔其师，作周孚先。”考朕昭子刑，乃单文祖德。

伻来毖殷，乃命宁予，以秬鬯二卣，曰：‘明禋，拜手稽首休享。’予不敢宿，则禋于文王武王。惠笃叙，无有遘自疾，万年猒于乃德，殷乃引考。王伻殷，乃承叙，万年其永观朕子怀德。

戊辰，王在新邑，烝祭岁，文王骍牛一，武王骍牛一。王命作册逸祝册，惟告周公其后。

王宾，杀禋，咸格，王入太室裸。王命周公后，作册逸诰，在十有二月。惟周公诞保文武受命，惟七年。

【译文】

周公跪拜叩头说："我告诉您治理洛邑的重大政策。王谦逊似乎不敢参预上帝打算告诉的安定天下的指示，我就继太保之后，全面视察了洛邑，就商定了鼓舞老百姓的重大政策。

"我在乙卯这天，早晨到了洛邑。我先占卜了黄河北方的黎水地区，我又占卜了涧水以东、瀍水以西地区，仅有洛地吉利。我又占卜了瀍水以东地区，也仅有洛地吉利。于是请您来商量，且献上卜兆。"

成王跪拜叩头，回答说："公不敢不敬重上帝赐给的福庆，亲自勘察地址，将营建与镐京相配的新邑，很好啊！公既已选定地址，使我来，我来

159

了，又让我看了卜兆，我为卜兆并吉而高兴。让我们二人共同承当这一吉祥。愿公领着我永远敬重上帝赐给的福庆！跪拜叩头接受我公的教诲。"

周公说："王啊，开始举行殷礼接见诸侯，在新邑举行祭祀，都已安排得有条不紊了。我率领百官，使他们在镐京听取王的意见，我想道：'您或许可以去举行祭祀。'现在王命令道：'记下功绩，宗人率领功臣举行大祭祀。'王又有命令道：'你接受先王遗命，督导辅助，你全面查阅记功的书，然后你要悉心亲自指导这件事。'

"王啊！您要振奋，您要振奋，要到洛邑去！不要像火刚开始燃烧时那样气势很弱；那燃烧的馀火，决不可让它熄灭。您要像我一样顺从常法，汲汲主持政事，率领在镐京的官员到洛邑去。使他们各就其职，勉力建立功勋，重视大事，完成大业。

您就会永远获得美誉。"

周公说："唉！您虽然是个年轻人，该考虑完

成先王未竟的功业。您应该认真考察诸侯的享礼，

也要考察其中也有不享的。享礼注重礼节，假如礼

节赶不上礼物，应该叫做不享。因为诸侯对享礼不

诚心，老百姓就会认为可以不享。这样，政事将会

错乱怠慢。我急想您来分担政务，我没有闲暇管理

这么多啊！

"我教给您辅导百姓的法则，您假如不努力办

这些事，您的善政就不会推广啊！全像我一样监督

诠叙您的官长，他们就不敢废弃您的命令了。您到

新邑去，要认真啊！现在我们要奋发努力啊！去教

导好我们的百姓。远方的人因此也就归附了。"

王这样说："公啊！请努力保护我这年轻人。公发扬伟大光显的功德，使我继承文王、武王的事业，奉答上帝的教诲，使四方百姓和悦，居在洛邑；隆重举行大礼，办理好盛大的祭祀，都有条不紊。公的功德光照天地，勤劳施于四方，普遍推行美好的政事，虽遭横逆的事而不迷乱。文武百官努力实行您的教化，我这年轻人就早夜慎重进行祭祀好了。"

王说："公善于辅导，我真的无不顺从。"

王说："公啊！我这年轻人就要回去，在镐京就位了，请公继续治洛。四方经过教导治理，还没有安定，宗礼也没有完成，公善于教导扶持，要继续监督我们的各级官员，安定文王、武王所接受的殷民，做我的辅佐大臣。"

王说："公留下吧！我要往镐京去了。公要好好地迅速地进行敬重和睦殷民的工作，公不要让我危困呀！我当不懈地学习政事，公要不停地示范，四方诸侯将会世世代代来到周国朝享了。"

周公跪拜叩头说："王命令我到洛邑来，继续保护您的先祖文王所受的殷民，宣扬您光明有功的父亲武王的伟大，我奉行命令。王来视察洛邑的时候，要使殷商贤良的臣民都惇厚守法，制定了治理四方的新法，作了周法的先导。我曾经说过：'要是从这九州的中心进行治理，万国都会喜欢，王也会有功绩。我姬旦率领众位卿大夫和治事官员，经营先王的成业，集合众人，作修建洛邑的先导。'实现我告诉您的这一法则，就能发扬光大先祖文王的美德。

　　"您派遣使者来洛邑慰劳殷人，又送来两卣黍香酒问候我。使者传达王命说：'明洁地举行祭祀，要跪拜叩头庆幸地献给文王和武王。'我祈祷说：'愿我很顺遂，不要遇到罪疾，万年饱受您的德泽，殷事能够长久成功。''愿王使殷民能够顺从万年，将长久看到您的安民的德惠。'"

　　戊辰这天，成王在洛邑举行冬祭，向先王报告岁事，用一头红色的牛祭文王，也用一头红色的牛祭武王。成王命令作册官名字叫逸的宣读册文，报告文王、武王，周公将继续住在洛邑。助祭诸侯在杀牲祭祀先王的时候都来到了，成王命令周公继续治理洛邑，作册官名字叫逸的将这件大事告喻天下，在十二月。周公留居洛邑担任文王、武王所受的大命，在成王七年。

周书·多士

【原文】

惟三月，周公初于新邑洛用告商王士。

王若曰："尔殷遗多士，弗吊旻天大降丧于殷；我有周佑命，将天明威致王罚敕，殷命终于帝。肆尔多士！非我小国敢弋殷命，惟天不畀，允罔，固乱弼我，我其敢求位！惟帝不畀，惟我下民秉为，惟天明畏。

我闻曰：上帝引逸，有夏不适逸则，惟帝降格向于时。夏弗克庸帝，大淫泆有辞。惟时天罔念闻，厥惟废元命，降致罚。乃命尔先祖成汤革夏，俊民甸四方。

自成汤至于帝乙，罔不明德恤祀。亦惟天丕建，保乂有殷，殷王亦罔敢失帝，罔不配天，其泽。

在今后嗣王诞罔显于天，矧曰其有听念于先王勤家；诞淫厥洗，罔顾于天显民祗。惟时上帝不保，降若兹大丧。惟天不畀，不明厥德，凡四方小大邦丧，罔非有辞于罚。

王若曰："尔殷多士！今惟我周王丕灵承帝事，有命曰：'割殷'。告敕于帝。惟我事不贰适，惟尔王家我适。予其曰：惟尔洪无度，我不尔动，自乃邑。予亦念天即于殷大戾，肆不正。"

王曰："猷告尔多士！予惟时其迁居西尔，非我一人奉德不康宁，时惟天命，无违！朕不敢有后，无我怨！

惟尔知："惟殷先人有册有典，殷革夏命。今尔又曰：'夏迪简在王庭，有服在百僚。'予一人惟听用德，肆予敢求于天邑商，予惟率肆矜尔。非予罪，时惟天命。"

王曰："多士，昔朕来自奄，予大降尔四国民命。我乃明致天罚，移尔遐逖，比事臣我宗，多逊。"

王曰："告尔殷多士，今予惟不尔杀，予惟时命有申。今朕作大邑于兹洛，予惟四方；罔攸宾，亦惟尔多士攸服，奔走臣我，多逊。尔乃尚有尔土，尔用尚宁干止，尔克敬，天惟畀矜尔；尔不克敬，尔不啻不有尔土，予亦致天之罚于尔躬！今尔惟时宅尔邑，继尔居，尔厥有干有年于兹洛。尔小子乃兴，从尔迁。”

王曰又曰："时予，乃或言尔攸居。"

【译文】

周成王七年三月，周公初往新都洛邑，用成王的命令告诫殷商的旧臣。

王这样说："你们这些殷商的旧臣们！纣王不敬重上天，他把灾祸大降给殷国。我们周国佑助天命，奉行上天的明威，执行王者的诛罚，宣告殷的国命被上天终绝了。现在，你们众位官员啊！不是我们小小的周国敢于取代殷命，是上天不把大命给予那信诬怙恶的人，而辅助我们，我们岂敢擅求王位呢？正因为上天不把大命给予信诬怙恶的人，我们下民的所作所为，应当敬畏天命。

"我听说：'上帝制止游乐。'夏桀不节制游乐，上帝就降下教令，劝导复桀。他不能听取上帝

的教导，大肆游乐，并且怠慢。因此，上帝也不念

不问，而考虑废止夏的大命，降下大罚；上帝于是

命令你们的先祖成汤代替夏桀，命令杰出的人才治

理四方。

"从成汤到帝乙，没有人不力行德政，慎行祭

祀。也因为上天树立了安治殷国的贤人，殷的先王

也没有人敢于违背天意，也没有人不配合上天的恩

泽。当今后继的纣王，很不明白上天的意旨，何况

说他又能听从、考虑先王勤劳家国的训导呢？他大

肆淫游洗乐，不顾天意和民困，因此，上帝不保佑

了，降下这样的大丧乱。

"上帝不把大命给予不勉行德政的人，凡是

四方小国大国的灭亡，无人不是怠慢上帝而被惩

罚。"

王这样说："你们殷国的众臣，现在只有我们周王善于奉行上帝的使命，上帝有命令说：'夺取殷国，并报告上天。'我们讨伐殷商，不把别人作为敌人，只把你们的王家作为敌人。我怎么会料想到你们众官员太不守法，我并没有动你们，动乱是从你们的封邑开始的。我也考虑到天意仅仅在于夺取殷国，于是在殷乱大定之后，便不治你们的罪了。"

王说：告诉你们众官员，我因此将把你们迁居西方，并不是我执行教导不安静，这是天命。不可违背天命，我不敢迟缓执行天命，你们不要怨恨我。

"你们知道，殷人的祖先有书册有典籍，记载着殷国革了夏国的命。现在你们又说：'当年夏的官员被选在殷的王庭，在百官之中都有职事。'我只接受、使用有德的人。现在我从大邑商招来你们，我是宽大你们和爱惜你们。这不是我的差错，这是天命。"

王说："殷的众臣，从前我从奄地来，对你们管、蔡、商、奄四国臣民广泛地下达过命令。我然后明行上天的惩罚，把你们从远方迁徙到这里，近来你们服务和臣属我们周族很恭顺。"

王说："告诉你们殷商的众臣，现在我不杀害你们，我想重申这个命令。现在我在这洛地建成了一座大城市，我是由于四方诸侯没有地方朝贡，也是由于你们服务奔走臣属我们很恭顺的缘故。

"你们还可以保有你们的土地，你们还会安宁下来。你们能够敬慎，上天将会对你们赐给怜爱；

你们假如不能敬慎，你们不但不能保有你们的土地，我也将会把老天的惩罚加到你们身上。

"现在你们应当好好地住在你们的城里，继续做你们的事业。你们在洛邑会有安乐会有丰年的。从你们迁来洛邑开始，你们的子孙也将兴旺发达。"

王说："顺从我，才能够谈到你们长久安居下来。"

周书·无逸

周作·天戏

【原文】

周公曰："呜呼！君子所其无逸！先知稼穑之艰难乃逸，则知小人之依。相小人，厥父母勤劳稼穑，厥子乃不知稼穑之艰难，乃逸，乃谚，既诞，否则侮厥父母曰：'昔之人无闻知！'"

周公曰："呜呼！我闻曰：昔在殷王中宗，严恭寅畏，天命自度，治民祇惧，不敢荒宁。肆中宗之享国七十有五年。其在高宗，时旧劳于外，爰暨小人；作其即位，乃或亮阴，三年不言。其惟不言，言乃雍；不敢荒宁，嘉靖殷邦。至于小大，无时或怨。肆高宗之享国五十年有九年。其在祖甲，不义惟王，旧为小人。作其即位，爰知小人之依，能保惠于庶民，不敢侮鳏寡。肆太宗之享国三十有三年。自时厥后立王，生则逸，生则逸，不知稼穑之艰难，不闻小人之劳，惟耽乐之从。

自时厥后亦罔或克寿。或十年，或七八年，或五六年，或四三

年。"

周公曰："呜呼！厥亦惟我周，太王、王季克自抑畏。文

王卑服，即康功田功。徽柔懿恭，怀保小民，惠鲜鳏寡。自朝

至于日中昃，不遑暇食，用咸和万民。文王不敢盘于游田，以

庶邦惟正之供。文王受命惟中身，厥享国五十年。"

周公曰："呜呼！继自今嗣王则其无淫于观，于逸，于

游，于田，以万民惟正之供。无皇曰：'今日耽乐。'乃非民

攸训，非天攸若，时人丕则有愆。无若殷王受之迷乱，酗于酒

德哉！"

周公曰："呜呼！我闻曰：'古之人犹胥训告，胥保惠，

胥教诲，民无或胥诪张为幻。'此厥不听，人乃训之，乃变乱

先王之正刑，至于小大，民否则厥心违怨，否则厥口诅祝。"

周公曰："呜呼！自殷王中宗及高宗及祖甲，及我周文王，兹四人迪哲。厥或告之曰：'小人怨汝詈汝。'则皇自敬德。厥愆，曰：'朕之愆！'允若时，不啻不敢含怒。此厥不听，人乃或诪张为幻，曰：'小人怨汝詈汝！'则信之，则若时，不永念厥辟，不宽绰厥心，乱罚无罪，杀无辜。怨有同，是丛于厥身！"

周公曰："呜呼！嗣王其监于兹！"

【译文】

周公说："君子在位，切不可安逸享乐。先了解耕种收获的艰难，然后处在逸乐的境地，就会知道老百姓的痛苦。看那些老百姓，他们的父母勤劳地耕种收获，他们的儿子却不知道耕种收获的艰难，便安逸，便不恭。时间已经久了，于是就轻视侮慢他们的父母说：'老人们没有知识。'"

周公说："我听说：过去殷王中宗，庆正敬畏，以天命作为自己的准则，治理百姓，敬慎恐惧，不敢荒废、安逸。所以中宗在位七十五年。

"在高宗，这个人长期在外服役，惠爱老百姓。等到他即位，便又听信冢宰沉默不言，三年不轻易说话。因为他不轻易说话，有时说出来就能使人和悦。他不敢荒废、安逸，善于安定殷国。从老百姓到群臣，没有怨恨他的。所以高宗在位五十九年。

"在祖甲，他以为代兄称王不合情理，逃亡民间，做过很久的平民百姓。等到他即位后，就知道老百姓的痛苦，能够安定和爱护众民，对于鳏寡无依的人也不敢轻慢。所以祖甲在位三十三年。

"从这以后，在位的殷王生来就安闲逸乐，生来就安闲逸乐，不知耕种收获的艰难，不知老百姓的劳苦，只是追求过度的逸乐。从这以后，在位的殷王也没有能够长寿的。有的十年，有的七八年，有的五六年，有的三四年。"

周公说："只有我们周家的太王、王季能够谦让敬畏。文王安于卑下的工作，从事过开通道路、耕种田地的劳役。他和蔼、仁慈、善良、恭敬，使百姓和睦、安定，爱护亲善孤苦无依的人。从早晨到中午，到下午，他没有闲暇吃饭，要使万民生活和谐。文王不敢乐于嬉游、田猎，不敢使众国只是进献赋税，供他享乐。文王中年受命为君，在位五十年。"

周公说："从今以后的继位君王，不可沉迷在观赏、安逸、嬉游和田猎之中，不可只是使老百姓进献赋税供他享乐。不要自我宽解说：'只是今天快乐快乐。'这样子，就不是老百姓所赞成的，也不是上天所喜爱的，这样的人就有罪过了。不要像商纣王那样迷惑昏乱，把酗酒作为酒德啊！"

周公说："我听说：'古时的人还能互相劝导，互相爱护，互相教诲，所以老百姓没有互相欺骗、互相诈惑的。'不依照这样，官员就会顺从自己的意愿，就会变动先王的正法，以至于大大小小的法令。老百姓于是就内心怨恨，就口头诅咒了。"

周公说："从殷王中宗、到高宗、到祖甲、到我们的周文王，这四位君王领导得明智。有人告诉他们说：'老百姓在怨恨你咒骂你。'他们就更加敬慎自己的行为；有人举出他们的过错，他们就说：'我的过错确实像这样。'不但不敢怀怒。不依照这样，人们就会互相欺骗、互相诈惑。有人说老百姓在怨恨你咒骂你，你就会相信，就会像这样：不多考虑国家的法度，不放宽自己的心怀，乱罚没有罪过的人，乱杀没有罪过的人。老百姓的怨恨一旦汇合起来，就会集中到你的身上。"

周公说："继王要鉴戒这些啊！"

周书·君奭

【原文】

周公若曰："君奭！弗吊，天降丧于殷，殷既坠厥命，我有周既受，我不敢知曰厥基永孚于休。若天棐忱，我亦不敢知曰其终出于不祥。

呜呼！君已曰时我，我亦不敢宁于上帝命，弗永远念天威越我民；罔尤违，惟人！在我后嗣子孙大弗克恭上下，遏佚前人光在家，不知天命不易，天难谌，乃其坠命，弗克经历嗣前人，恭明德。在今予小子旦，非克有正，迪惟前人光，施于我冲子。"又曰："天不可信，我道惟宁王德延，天不庸释于文王受命。"

公曰："君奭！我闻在昔成汤既受命，时则有若伊尹，格于皇天。在太甲，时则有若保衡。在太戊，时则有若伊陟、臣扈，格于上帝；巫咸乂王家。在祖乙，时则有若巫贤。在武丁，时则有若甘盘。率惟兹有陈，保乂有殷，故殷礼陟配天，多历年所。天维纯佑命，则商实百姓王人。罔不秉德明恤，小臣、屏、侯甸，矧咸奔走。惟兹惟德称，用乂厥辟，故一人有事于四方，若卜筮罔不是孚。"

公曰："君奭！天寿平格，保乂有殷，有殷嗣，天灭威。今汝永念，则有固命，厥乱明我新造邦。"

公曰："君奭！在昔上帝割申劝宁王之德，其集大命于厥躬？惟文王尚克修和我有夏亦惟有若虢叔，有若闳夭，有若散宜生，有若泰颠，有若南宫括。"又曰无能往来兹迪彝教，文王蔑德降于国人。亦惟纯佑秉德，迪知天威，乃惟时昭文王迪见，冒闻于上帝。惟时受有殷命哉！武王，惟兹四人，尚迪有禄。后暨武王诞将天威，咸刘厥敌。惟兹四人昭武王惟冒，丕单称德。

今在予小子旦，若游大川，予往暨汝奭其济。小子同未在位，诞无我责，收罔勖不及，耇造德不降，我则鸣鸟不闻，矧曰其有能格！”

公曰："呜呼！君，肆其监于兹，我受命于疆惟休，亦大惟艰。告君乃猷裕我，不以后人迷。"

公曰："前人敷乃心，乃悉命汝，作汝民极。曰，汝明勖偶王在，亶乘兹大命。惟文王德丕承，无疆之恤！"

公曰："君！告汝，朕允保奭。其汝克敬以予监于殷丧大否，肆念我天威。予不允惟若兹诰，予惟曰：'襄我二人，汝有合哉！'言曰：'在时二人。天休兹至，惟时二人弗戡。其汝克敬德，明我俊民！在让后人于丕时。"

189

呜呼！笃棐时二人，我式克至于今日休。我咸成文王功于不怠，丕冒海隅出日，罔不率俾。

公曰："君！予不惠若兹多诰，予惟用闵于天越民。"

公曰："呜呼！君！惟乃知民德，亦罔不能厥初，惟其终。祗若兹，往敬用治！"

【译文】

周公这样说："君奭！商纣王不敬重上天，给殷国降下了大祸，殷国 已经丧失了福命，我们周国已经接受了。我不敢认为王业开始的时候，会长 期保持休美。顺从上天，任用诚信的人为辅佐，我也不敢认为王业的结局会 出现不吉祥。

"您曾经说过：'依靠我们自己，我们不敢安然享受上帝赐给的福命，不去永远顾念上天的威严和我们的人民；没有过错和违失，只在人。考察我们的后代子孙，很不能够恭敬上天，顺从下民，把前人的光辉限制在我 们国家之内，不知道天命难得，不懂得上帝难信，这就会失去天命，不能长久。继承前人，奉行明德，就在今天。'

"您的看法，我姬旦不能有什么改正，我想把前人的光辉传给我们的后代。您还说过：'上天不可信赖。'我只想把文王的美德加以推广，上天将不会废弃文王所接受的福命。"

周公说："君奭！我听说从前成汤既已接受天命，当时就有这个伊尹得到上天的嘉许。在太甲，当时就有这个保衡。在太戊，当时就有这个伊陟和臣扈，得到上天的嘉许，又有巫咸治理王国。在祖乙，当时就有这个巫贤。 在武丁，当时就有这个甘盘。

"这些有道的人，安定治理殷国，所以殷人的制度，君王死后，他们的 神灵都配天称帝，经历了许多年代。上天用贤良教导下民，于是，殷商异姓 和同姓的官员们，确实没有人不保持美德，知道谨慎，君王的小臣和诸侯的 官员，也都奔走效劳。

这些官员是依据美德而被推举出来，辅助他们的君

王， 所以君王对四方施政，如同卜筮一样，没有人

不相信。"

周公说："君奭！ 上天赐给中正和平的官员，

安治殷国，于是殷王世世继承着，上天也不降给 惩

罚。现在您深长地考虑这些，就掌握了一定不移之

命，将治好我们这个新 建立的国家。"

周公说："君奭！过去上帝为什么一再嘉勉文

王的品德，降下大命在 他身上呢？因为文王重视能

够治理、和谐我们中国的人，也因为有这个虢叔，

有这个闳夭，有这个散宜生，有这个泰颠，有这个

南宫括。

"有人说：没有这些贤臣奔走效劳，努力施行

常教，文王也就没有恩德 降给国人了。也因为这些贤臣保持美德，了解上天的威严，因为这些人辅助文王特别努力，被上帝知道了，因此，文王才承受了殷国的大命啊。

"武王的时候，文王的贤臣只有四人还活着。后来，他们和武王奉行上天的惩罚，完全消灭了他们的敌人。也因为这四人辅助武王很努力，于是天下普遍赞美武王的恩德。

"现在我小子姬旦好像游于大河，我和你奭一起前往谋求渡过。我知识不广，却身居大位，你不督责、纠正我，就没有人勉力指出我的不够了。您这年高有德的人不指示治国的法则，连凤凰的鸣声都会听不到，何况说将又能被上天嘉许呢？"

周公说："您现在应该看到这一点！我们接受

的大命，有无限的喜庆，也有无穷的艰难。现在请

求您，急于教导我，不要使后人迷惑呀！"

周公说："武王表明他的心意，详尽地告诉了

您，要做老百姓的表率。武王说：'您要努力辅助

成王，在于诚心承受这个大命，考虑继承文王的功

德，这会有无穷的忧患啊！'"

周公说："君奭！请求您，我所深信的太保

奭。希望您能警惕地和我一起看到殷国丧亡的大

祸，长久使我们不忘上天的惩罚。我不但这样告

诉，我还想道：'除了我们二人，您有志同道合的

人吗？'您会说：'在于我们这两个人。'上天赐

予的休美越来越多，仅仅是我们两人不能胜任了。

希望您能够敬重贤德，提拔杰出的人才，终归帮助

我们后人去承受它。

　　"真的不是这两个人，我们还能达到今天的休

美境地吗？我们共同　来成就文王的功业吧！不懈怠

地加倍努力，要使那海边日出的地方，没有人不顺

从我们。"

　　周公说："君奭啊！我不这样多多劝告了，我

们要忧虑天命和民心。"

　　周公说："君奭！您知道老百姓的行为，开始

时没有不好好干的，　要看他的末尾。我们要搞好这

件大事业，要勤劳恭敬地去治理啊！"

周书·多方

【原文】

惟五月丁亥，王来自奄，至于宗周。

周公曰："王若曰：猷告尔四国多方惟尔殷侯尹民。我惟大降尔命，尔罔不知。洪维图天之命，弗永寅念于祀，惟帝降格于夏。有夏诞厥逸，不肯戚言于民，乃大淫昏，不克终日劝于帝之迪，乃尔攸闻。厥图帝之命，不克开于民之丽，乃大降罚，崇乱有夏。因甲于内乱，不克灵承于旅。罔丕惟进之恭，洪舒于民。亦惟有夏之民，叨懫日钦，劓割夏邑。天惟时求民主，乃大降显休命于成汤，刑殄有夏。惟天不畀纯，乃惟以尔多方之义民，不克永于多享；惟夏之恭多士，大不克明保享于民；乃胥惟虐于民，至于百为，大不克开。乃惟成汤克以尔多方简代夏作民主。慎厥丽乃劝；厥民刑用劝。以至于帝乙，罔不明德慎罚，亦克用劝。要囚，殄戮多罪，亦克用劝；开释无辜，亦克用劝。今至于尔辟，弗克以尔多方享天之命，呜呼！"

王若曰："诰告尔多方，非天庸释有夏，非天庸释有殷。乃惟尔辟以尔多方大淫，图天之命，屑有辞。乃惟有夏，图厥政，不集于享，天降时丧，有邦间之。乃惟尔商后王，逸厥逸，图厥政，不蠲烝，天惟降时丧。

"惟圣罔念作狂，惟狂克念作圣。天惟五年须暇之子孙，诞作民主，罔可念听。天惟求尔多方，大动以威，开厥顾天。惟尔多方罔堪顾之。惟我周王灵承于旅，克堪用德，惟典神天。天惟式教我用休，简畀殷命，尹尔多方。"

"今我曷敢多诰。我惟大降尔四国民命。尔曷不忱裕之于尔多方？尔曷不夹介乂我周王，享天之命？今尔尚宅尔宅，畋尔田，尔曷不惠王熙天之命？"

"尔乃迪屡不静，尔心未爱。尔乃不大宅天命，尔乃屑播

天命，尔乃自作不典，图忱于正。我惟时其教告之，我惟时其

战要囚之，至于再，至于三。乃有不用我降尔命，我乃其大罚

殛之。非我有周秉德不康宁，乃惟尔自速辜。"

王曰："呜呼！猷告尔有方多士暨殷多士。今尔奔走臣我

监五祀，越惟有胥伯小大多正，尔罔不克臬。自作不和，尔惟

和哉；尔室不睦，尔惟和哉。尔邑克明，尔惟克勤乃事。尔尚

不忌于凶德，亦则以穆穆在乃位。克阅于乃邑谋介尔，乃自时

洛邑，尚永力畋尔田，天惟畀矜尔，我有周惟其大介赉尔，迪

简在王庭，尚尔事，有服在大僚。"

王曰："呜呼！多士，尔不克劝忱我命，尔亦则惟不克

享，凡民惟曰不享。尔乃惟逸惟颇，大远王命，则惟尔多方探

天之威，我则致天之罚，离逖尔土。"

王曰："我不惟多诰，我惟祗告尔命。"又曰："时惟尔

初，不克敬于和，则无我怨。"

【译文】

　　五月丁亥这天，成王从奄地回来，到了宗周。周公说："成王这样说：告诉你们四国、各国诸侯以及你们众诸侯国治民的长官，我给你们大下教令，你们不可昏昏不闻。夏桀夸大天命，不常重视祭祀，上帝就对夏国降下了严正的命令。夏桀大肆逸乐，不肯恤问人民，竟然大行淫乱，不能用一天时间为上帝的教导而努力，这些是你们所听说过的。夏桀夸大天命，不能明白老百姓归附的道理，就大肆杀戮，大乱夏国。复桀因习于让妇人治理政事，不能很好地顺从民众，无时不贪取财物，深深地毒害了人民。也由于夏民贪婪、忿戾的风气一天天盛行，残害了夏国。上天于是寻求可以做人民君主的人，就大下光明美好的使命给成汤，命令成汤消灭夏国。

"上天不赐给众位诸侯，就是因为那时各国首长不能常常劝导人民，夏国的官员太不懂得保护和劝导人民，竟然都对人民施行暴虐，至于各种工作都不能开展；就是因为成汤由于那时有各国邦君的选择，代替夏桀作了君主。

"他慎施教令，是劝勉人；他惩罚罪人，也是劝勉人；从成汤到帝乙，没有人不宣明德教，慎施刑罚，也能够用来劝勉人；他们监禁、杀死重大罪犯，也能够用来劝勉人；他们释放无罪的人，也能够用来劝勉人。

"现在到了你们的君王，不能够和你们各国邦君享受上天的大命，实在可悲啊！"

　　王这样说："告诉你们各位邦君，并不是上天要舍弃夏国，也不是上天要舍弃殷国。是因为你们夏、殷的君王和你们各国诸侯大肆淫佚，夸大天命，安逸而又懈怠；是因为夏桀谋划政事，不在于劝勉，于是上天降下了这亡国大祸，诸侯成汤代替了夏桀；是因为你们殷商的后王安于他们的逸乐生活，谋划政事不美好，于是上天降下这亡国大祸。

　　"圣人不思考就会变成狂人，狂人能够思考就能变成圣人。上帝用五年时间等待、宽暇商的子孙悔改，让他继续做万民之君主，但是，无法可以使他们思考和听从天意。上帝又寻求你们众诸侯国，大降灾异，启发你们众国顾念天意，你们众国也没有人能顾念它。只有我们周王善于顺从民众，能用明德，善待神、天。上帝就改用休祥指示我们，选择我周王，授予伟大的使命，治理众国诸侯。

"现在我怎么敢重复地说？我有过发布给你们四国臣民的教令，你们为什么不劝导各国臣民？你们为什么不大大帮助我周王共享天命呢？现在你们还住在你们的住处，整治你们的田地，你们为什么不顺从周王宣扬上帝的大命呢？

"你们竟然屡次教导还不安定，你们内心不顺。你们竟然不度量天命，你们竟然完全抛弃天命，你们竟然自作不法，图谋攻击长官。我因此教导过你们，我因此讨伐你们，囚禁你们，至于再，至于三。假如还有人不服从我发布给你们的命令，那么我就要重重惩罚他们！这并不是我们周国执行德教不安静，只是你们自己招致了罪过！"

王说："告诉你们各国官员和殷国的官员，到现在你们奔走效劳臣服我周国已经五年了，所有的徭役赋税和大大小小的政事，你们没有不能遵守法规的。

"你们自己造成了不和睦，你们应该和睦起来！你们的家庭不和睦，你们也应该和睦起来！要使你们的城邑清明，你们应该能够勤于你们的职事。你们应当不被坏人教唆，也就可以好好地站在你们的位置上，就能够留在你们的城邑里谋求美好的生活了。

"你们如果用这个洛邑，长久尽力耕作你们的田地，上天会怜悯你们，我们周国会大大地赏赐你们。把你们引进选拔到朝廷来；努力做好你们的职事，又将让你们担任重要官职。"

王说："官员们，如果你们不能努力信从我的

教命，你们也就不能享有禄位，老百姓也将认为你

们不能享有禄位。你们如果放荡邪恶，大大地违抗

王命，那就是你们各国妄图试探上天的惩罚，我就

要施行上天的惩罚，使你们离开你们的故土。"

　　王说："我不想重复地说了，我只是认真地把

天命告诉你们。"

　　王又说："好好地谋划你们的开始吧！若不能

恭敬与和睦，那么你们就不要怨我了。"

周书 · 立政

【原文】

　　周公若曰："拜手稽首，告嗣天子王矣！用咸戒于王曰王左右常伯、常任、准人、缀衣、虎贲。"

　　周公曰："呜呼！休兹知恤鲜哉！古之人迪惟有夏，乃有室大竞，吁俊尊上帝，迪知忱恂于九德之行。乃敢告教厥后曰："拜手稽首后矣。曰：宅乃事，宅乃牧，宅乃准，兹惟后矣。谋面用丕训德，则乃宅人，兹乃三宅无义民。"

　　桀德惟乃弗，作往任，是惟暴德罔后。亦越成汤，陟丕厘上帝之耿命，乃用三有宅；克即宅，曰三有俊，克即俊。严惟丕式，克用三宅三俊。其在商邑，用协于厥邑；其在四方，用丕式见德。

　　呜呼！其在受德，暋惟羞刑暴德之人，同于厥邦，乃惟庶习逸德之人，同于厥政。帝钦罚之，乃伻我有夏，式商受命，奄甸万姓。

亦越文王、武王，克知三有宅心，灼见三有俊心，以敬事上帝，立民长伯。立政：任人、准夫、牧、作三事。虎贲、缀衣、趣马、小尹、左右携仆、百司庶府；大都、小伯、艺人、表臣百司、太史、尹伯，庶常吉士；司徒、司马、司空、亚旅。夷、微、卢烝。三亳、阪尹。

文王惟克厥宅心，乃克立兹常事司牧人，以克俊有德。文王罔攸兼于庶言、庶狱、庶慎，惟有司之牧夫，是训用违。庶狱庶慎，文王罔敢知于兹。

亦越武王，率惟敉功，不敢替厥义德，率惟谋从容德，以并受此丕丕基。

呜呼！孺子王矣，继自今我其立政：立事、准人、牧夫，我其克灼知厥若，丕乃俾乱，相我受民，和我庶狱庶慎，时则勿有间之，自一话一言。我则末惟成德之彦，以乂我受民。

呜呼！予旦已受人之徽言，咸告孺子王矣！继自今文子文孙，其勿误于庶狱庶慎，惟正是乂之。

自古商人，亦越我周文王立政：立事、牧夫、准人，则克宅之，克由绎之，兹乃俾乂。国则罔有立政用憸人，不训于德，是罔显在厥世。继自今立政，其勿以憸人，其惟吉士，用劢相我国家。

今文子文孙孺子王矣，其勿误于庶狱，惟有司之牧夫。其克诘尔戎兵，以陟禹之迹，方行天下，至于海表，罔有不服。以覲文王之耿光，以扬武王之大烈。呜呼！继自今后王立政，其惟克用常人。"

213

周公若曰："太史、司寇苏公，式敬尔由狱，以长我王国。兹式有慎，以列用中罚。"

【译文】

周公这样说："跪拜叩头，报告继承天子的王。"周公因而劝诫成王说："王要教导常伯、常任、准人、缀衣和虎贲。"

周公说："美好的时候就知道忧虑的人，很少啊！古代的人只有夏代的君王，他们的卿大夫很强，夏王还呼吁他们长久地尊重上帝的教导，使他们知道诚实地相信九德的准则。夏代君王经常教导他们的诸侯道：'跪拜叩头了，诸侯们！'夏王说：'考察你们的常任、常伯、准人，这样，才称得上君主。以貌取人，不依循德行，假若这样考察人，你们的常任、常伯和准人就没有贤人了。'

"夏桀即位后，他不用往日任用官员的法则，于是只用些暴虐的人，终于无后。

"到了成汤登上帝位，大受上帝的明命，他选用事、牧、准三宅的官，都能就三宅的职位，选用三宅的属官，也能就其属官之位。他敬念上帝选用官员的大法，能够很好地任用各级官员，他在商都用这些官员和协都城的臣民，他在天下四方，用这种大法显扬他的圣德。

"在商王纣登上帝位，强行把罪人和暴虐的人聚集在他的国家里；竟然用众多亲幸和失德的人，共同治理他的政事。上帝于是重重地惩罚他，就使我们周王代替商纣王接受上天的大命，安抚治理天下的老百姓。

"到了文王、武王，他们能够知道三宅的思想，还能清楚地看到三宅部属的思想，用敬奉上帝的诚心，为老百姓建立官长。设立的官职是：任人、准夫、牧作为三事；有虎贲、缀衣、趣马、小尹、左右携仆以及百司庶府；有大小邦国的君主、艺人，外臣百官；有太史、尹伯；他们都是善祥的人。诸侯国的官员有司徒、司马、司空、亚旅；夷、微、卢各国没有君主；还设立了商和夏的旧都管理官员。

"文王因能够度知三宅的思想，就能设立这些官员，而且能够是俊彦有德的。文王不兼管各种教令。各种狱讼案件和各种禁戒，用和不用只顺从主管官员和牧民的人；对于各种狱讼案件和各种禁戒，文王不敢过问这些。到了武王，完成了文王的事业，不敢丢弃文王的善德，谋求顺从文王宽容的美德，因此，文王和武王共同接受了这伟大的王业。

　　"您现在已是君王了。从今以后，我们要这样
设立官员。设立事、准人、牧夫，我们要能明白了
解他们的优点，才能让他们治理政事。管理我们所
接受的人民，平治我们各种狱讼和各种禁戒的事
务，这些事务不可代替。虽然一话一言，我们终要
谋于贤德的人，来治理我们的老百姓。

　　"我姬旦把前人的美言全部告诉君王了。从今
以后，继承的贤子贤孙，千万不要在各种狱讼和各
种禁戒上耽误时间，这些事只让主管官员去治理。

　　"从古时的商代先王到我们的周文王设立官
员，设立事、牧夫、准人，就是能够考察他们，能
够扶持他们，这样才让他们治理，国事就没有失
误。假如设立官员，任用贪利奸佞的人，不依循于

德行，于是君王终世都会没有光彩。从今以后设立官员，千万不可任用贪利奸佞的小人，应当任用善良贤能的人，用来努力治理我们的国家。

"现在，先王贤明的子孙，您已做君王了！您不要在各种狱讼案件上耽误，只让主管官员和牧夫去治理，您要能够治理好军队，步着大禹的足迹，遍行天下，直至海外，没有人不服从。以此显扬文王圣德的光辉，继续武王伟大的功业。啊！从今以后，继位君王设立官员，必须任用善良的人。"

周公这样说："太史！司寇苏公规定要认真地处理狱讼案件，使我们的王国长治久安。现在规定慎之又慎，依据常例，使用中罚。"

周书·顾命

【原文】

惟四月哉生魄，王不怿。甲子，王乃洮颒水，相被冕服，凭玉几。乃同召太保奭、芮伯、彤伯、毕公、卫侯、毛公、师氏、虎臣、百尹、御事。王曰："呜呼！疾大渐，惟几，病日臻。既弥留，恐不获誓言嗣，兹予审训命汝。昔君文王、武王宣重光，奠丽陈教，则肄肄不违，用克达殷，集大命。在后之侗，敬迓天威，嗣守文武大训，无敢昏逾。今天降疾，殆弗兴弗悟，尔尚明时朕言，用敬保元子钊，弘济于艰难，柔远能迩，安劝小大庶邦。思夫人自乱于威仪。尔无以钊冒贡于非几。"

兹既受命，还，出缀衣于庭。越翼日乙丑，王崩。太保命仲桓、南宫毛，俾爰齐侯吕伋，以二干戈虎贲百人，逆子钊于南门之外，延入翼室，恤宅宗。丁卯，命作册度。

越七日癸酉，伯相命士须材。狄设黼扆缀衣。牖间南向，敷重篾席，黼纯，华玉仍几。西序东向，敷重底席，缀纯，文贝仍几。东序西向，敷重丰席，画纯，雕玉仍几。西夹南向，敷重笋席，玄纷纯，漆仍几。越玉五重、陈宝，赤刀、大训、弘璧、琬、琰，在西序。大玉、夷玉、天球、河图，在东序。胤之舞衣、大贝、鼖鼓，在西房。兑之戈、和之弓、垂之竹矢，在东房。大辂在宾阶面，缀辂在阼阶面，先辂在左塾之前，次辂在右塾之前。

二人雀弁，执惠，立于毕门之内。四人綦弁，执戈上刃，夹两阶戺；一人冕，执刘，立于东堂；一人冕，执钺，立于西堂；一人冕，执戣，立于东垂；一人冕，执瞿，立于西垂；一人冕，执锐，立于侧阶。

王麻冕黼裳，由宾阶隮。卿士、邦君，麻冕蚁裳，入即

位。太保、太史、太宗，皆麻冕彤裳。太保承介圭，上宗奉同

瑁，由阼阶隮。太史秉书，由宾阶隮，御王册命。曰："皇后

凭玉几，道扬末命，命汝嗣训，临君周邦，率循大卞，燮和天

下，用答扬文武之光训。"王再拜，兴，答曰："眇眇予末小

子，其能而乱四方，以敬忌天威？"乃受同，王三宿，三祭，

三咤。上宗曰："飨！"太保受同，降，盥，以异同秉璋以

酢。授宗人同，拜，王答拜。太保受同，祭，哜，宅，授宗人

同，拜，王答拜。太保降，收。诸侯出庙门俟。

【译文】

四月，月亮新现光明，成王生了病。甲子这天，成王洗了头发洗了脸，太仆给王戴上王冠，披上朝服，王靠着玉几。于是会见朝臣。成王召见太保奭、芮伯、彤伯、毕公、卫侯、毛公、师氏、虎臣、百官的首长以及办事官员。

王说："我的病很厉害，有危险，痛苦的日子到了。已经是临终时刻，恐怕不能郑重地讲后嗣的事了，现在，我详细地训告你们。过去，我们的先君文王、武王，放出日月般的光辉，制定法律，发布教令，臣民都努力奉行，不敢违背，因而能够讨伐殷商，成就我周国的大命。

"后来，幼稚的我，认真奉行天威，继续遵守文王、武王的伟大教导，不敢昏乱越轨。如今上天降下重病，几乎不能起床不能说话了。你们要勉力接受我的话，认真保护我的大儿子姬钊大渡艰难，要柔服远方，亲善近邻，安定、教导大小各国。我想众人要用礼法自治，你们不可使姬钊冒犯以至陷于非法啊！"

群臣已经接受教命，就退回来，拿出成王的朝服放在王庭。到了明天乙丑日，成王逝世了。

太保命令仲桓和南宫毛跟从齐侯吕伋，二人分别拿着干戈，率领一百名勇士，在南门外迎接太子钊。请太子钊进入侧室，作忧居的主人，丁卯这天，命令作册制定丧礼。到了第七天癸酉，召公命令官员布置各种器物。

狄人陈设斧纹屏风和先王的礼服。门窗间朝南的位置，铺设着双层竹席，饰着黑白相间的丝织花边，陈设彩玉，用无饰的几案。在西墙朝东的位置，铺设双层细竹篾席，饰着彩色的花边，陈设花贝壳，用无饰的几案。在东墙朝西的位置，铺设双层莞席，饰着绘有云气的花边，陈设雕刻的玉器，用无饰的几案。在堂的西边夹室朝南的位置，铺设双层青竹蔑席，饰着黑丝绳连缀的花边，陈设漆器，用无饰的几案。

越玉五种，宝刀、赤刀、大训，大璧、琬、琰，陈列在西墙向东的席前。大玉、夷玉、天球、河图，陈列在东墙向西的席前。胤制作的舞衣、大贝壳、大军鼓，陈列在西房。兑制作的戈、和制作的弓、垂制作的竹矢，陈列在东房。

王的玉车放置在宾客们所走的台阶前，金车放置在主人走的台阶前，象车放在门左侧堂屋的前面，木车放在门右侧堂屋的前面。

二人戴着赤黑色的礼帽，执三角矛，站在祖庙门里边。四人戴着青黑色的礼帽，执着戈，戈刃向前，夹着台阶，对面站在台阶两旁。一人戴着礼帽，拿着大斧，站立在东堂的前面。一人戴着礼帽，拿着大斧，站立在西堂的前面。一人戴着礼帽，拿着三锋矛，站立在东堂外边。一人戴着礼帽，拿着三锋矛，站立在西堂外边。还有一人戴着礼帽，拿着矛，站立在北堂北面的台阶上。

王戴着麻制的礼帽，穿着绣有斧形花纹的礼服，从西阶上来。卿士和众诸侯戴着麻制的礼帽，穿着黑色礼服，进入中庭，各人站在规定的位置上。太保、太史、太宗都戴着麻制的礼帽，穿着红色礼服。太保捧着大圭，太宗捧着酒杯和瑁，从东阶上来。太史拿着策书，从西阶走上来，进献策书给康王。太史说："大王靠着玉几，宣布他临终的教命，命令您继承文王、武王的大训，治理领导周国，遵守大法，协和天下，以宣扬文王、武王的光明教训。"王再拜，然后起来，回答说："我这个微末的小子，怎么能协和治理天下以敬畏天威啊？"

王接受了酒杯和瑁。前进三次，祭酒三次，奠酒三次。太宗说："请喝酒！"王喝酒后，太保接过酒杯，走下堂，洗手，又登上堂，用另外一种酒杯自斟自饮作答，然后把酒杯交给宗人，对王下

拜，王也回拜。太保又从宗人那里接过酒杯，祭

酒，尝酒，奠酒，然后把酒杯交给宗人，又拜。王

又回拜。太保走下堂，行礼结束，诸侯卿士们都走

出祖庙门，恭候康王视朝。

周书·吕刑

【原文】

惟吕命王享国百年，耄，荒度《作刑》，以诘四方。王曰："若古有训，蚩尤惟始作乱，延及于平民，罔不寇贼、鸱义、奸宄、夺攘、矫虔。苗民弗用灵，制以刑，惟作五虐之刑曰法。杀戮无辜，爰始淫为劓、刵、椓、黥。越兹丽刑，并制罔差有辞。民兴胥渐，泯泯棼棼，罔中于信，以覆诅盟。虐威庶戮方告无辜于上。上帝监民，罔有馨香德刑，发闻惟腥。皇帝哀矜庶戮之不辜，报虐以威，遏绝苗民，无世在下。乃命重黎绝地天通，罔有降格。群后之逮在下，明明棐常，鳏寡无盖。

皇帝清问下民，鳏寡有辞于苗。德威惟畏，德明惟明。乃命三后恤功于民。伯夷降典，折民惟刑；禹平水土，主名

周　书

233

山川；稷降播种，家殖嘉谷。三后成功，惟殷于民。爰制百姓于刑之中，以教祗德。"穆穆在上，明明在下，灼于四方，罔不惟德之勤，故乃明于刑之中，率乂于民棐彝。典狱，非讫于威，惟讫于富。敬忌，罔有择言在身。惟克天德，自作元命，配享在下。"

王曰："嗟！四方司政典狱，非尔惟作天牧？今尔何监？非时伯夷播刑之迪？其今尔何惩？惟时苗民匪察于狱之丽，罔择吉人，观于五刑之中；惟时庶威夺货，断制五刑以乱无辜，上帝不蠲，降咎于苗，苗民无辞于罚，乃绝厥世。"

王曰："呜呼！念之哉！伯父、伯兄、仲叔、季弟、幼子、童孙，皆听朕言，庶有格命。今尔罔不由慰曰勤，尔罔或戒不勤。天齐于民，俾我一日，非终惟终，在人。尔尚敬逆天命，以奉我一人。虽畏勿畏，虽休勿休。惟敬五刑，以成三德。一人有庆，兆民赖之，其宁惟永。"

王曰："吁！来，有邦有土，告尔祥刑。在今尔安百姓，何择非人，何敬非刑，何度非及？两造具备，师听五辞；五辞简孚，正于五刑。五刑不简，正于五罚。五罚不服，正于五过。五过之疵，惟官、惟反、惟内、惟货、惟来。其罪惟均，其审克之。

五刑之疑有赦；五罚之疑有赦。其审克之简孚有众，惟貌有稽。无简不听，具严天威。墨辟疑赦，其罚百锾，阅实其罪。劓辟疑赦，其罚惟倍，阅实其罪。剕辟疑赦，其罚倍差，阅实其罪。宫辟疑赦，其罚六百锾，阅实其罪。大辟疑赦，其罚千锾，阅实其罪。墨罚之属千。劓罚之属千，剕罚之属五百，宫罚之属三百，大辟之罚其属二百。五刑之属三千。

上下比罪，无僭乱辞，勿用不行，惟察惟法，其审克之。上刑适轻下服，下刑适重上服。轻重诸罚有权。刑罚世轻世重，惟齐非齐，有伦有要。罚惩非死，人极于病。非佞折狱，惟良折狱，罔非在中。察辞于差，非从惟从，哀敬折狱。明启刑书胥占，咸庶中正。其刑其罚，其审克之。狱成而孚，输而孚。其刑上备，有并两刑。"

王曰："呜呼！敬之哉！官伯族姓，朕言多惧。朕敬于刑，有德惟刑。今天相民，作配在下。明清于单辞，民之乱，罔不中听狱之两辞，无或私家于狱之两辞。狱货非宝，惟府辜功，报以庶尤。永畏惟罚，非天不中，惟人在命。天罚不极，庶民罔有令政在于天下。"

王曰："呜呼！嗣孙，今往何监非德于民之中？尚明听之哉！哲人惟刑，无疆之辞，属于五极，咸中有庆。受王嘉师，监于兹祥刑。"

【译文】

吕侯被命为卿时，穆王在位很久，军纪老了，还是广泛谋求制定刑法，来禁戒天下。

王说："古代有遗训，蚩尤开始作乱，扩大到平民百姓。无不寇掠贼害，冒没不正，内外作乱，争夺窃盗，诈骗强取。苗民不遵守政令，就用刑罚来制服，制定了五种酷刑以为法律。杀害无罪的人，开始放肆使用劓、刖、椓、黥等刑罚。于是，施行杀戮，抛弃法制，不减免无罪的人。

"苗民互相欺诈，纷纷乱乱，没有中信，以致背叛誓约。受了虐刑和一些被侮辱的人都向上帝申告自己无罪，上帝考察苗民，没有芬芳的德政，刑法所发散的只有腥气。颛顼皇帝哀怜众多被害的人没有罪过，就用威罚处置施行虐刑的人，制止和消灭行虐的苗民，使他们没有后嗣留在世间。又命令重和黎，禁止地民和天神相互感通，神和民再不能升降来往了。高辛、尧、舜相继在下，都显用贤德的人，扶持常道，于是孤苦之人的苦情，没有壅蔽了。

"尧皇帝清楚地听到下民和孤寡对苗民的怨言。于是提拔贤人，贤人所惩罚的，人都畏服，贤人所尊重的，人都尊重。命令三位大臣慎重地为民服务。伯夷颁布法典，用刑律制服人民；大禹平治水土，负责名山大川，后稷教民播种，努力种植庄稼。三后成功了，就富足了老百姓。士师又用公正的刑罚制御百官，教导臣民敬重德行。

"尧皇帝恭敬在上，三位大臣努力治事在下，

光照四方，没有人不勤行德政，所以能勉力于刑罪

的公平，治理老百姓以扶持常道。主管刑罚的官，

不是终于作威，而是终于仁厚。又敬、又戒，自身

不说坏话。他们肩负上天仁爱的美德，自己造就了

好命，所以配天在下享有禄位。"

　　王说："四方的诸侯们，你们不是做上天的治

民官吗？现在，你们重视什么呢？难道不是这伯夷

施行刑罚的道理吗？现在你们要用什么作为惩戒

呢？就是苗民不详察狱事的施行，不选择善良的

人，监察五刑的公正，就是任用虚张威势，掠夺财

物的人，裁决五刑，乱罚无罪，上帝不加赦免，降

灾给苗民，苗民对上帝的惩罚无话可说，于是断绝

了他们的后嗣。"

　　王说："你们要记住这个教训啊！伯父、伯

兄、仲叔、季弟以及年幼的子孙们，都听从我的话，或许会享有好命。如今你们没有人不喜欢慰劳说勤劳了，你们没有人制止自己不勤劳。上帝治理下民，暂时任用我们，不成与成，完全在人。你们可要恭敬地接受天命，来辅助我！虽然遇到可怕的事，不要害怕；虽然可以休息，也不要休息，希望慎用五刑，养成这三种德行。一人办了好事，万民都受益，国家的安宁就会长久了。

王说："来吧！诸侯国君和各位大臣，我告诉你们要善用刑法。如今你们安定百姓，要选择什么呢，不是吉人吗？要慎重什么呢，不正是刑罚吗？要考虑什么呢，不就是判断适宜吗？

"原告和被告都来齐了，法官就审查五刑的讼辞；如果讼辞核实可信，就用五刑来处理。如果用

五刑处理不能核实，就用五罚来处理；如果用五罚

处理也不可从，就用五过来处理。五过的弊端是：

法官畏权势，报恩怨，谄媚内亲，索取贿赂，受人

请求。发现上述弊端，法官的罪就与罪犯相同，你

们必须详细察实啊！

"根据五刑定罪的疑案有赦免的，根据五罚定

罪的疑案有赦免的，要详细察实啊！要从众人中核

实验证，审理案件也要有共同办案的人。没有核实

不能治罪，应当共同敬畏上天的威严。

"判处墨刑感到可疑，可以从轻处治，罚金

一百锾，要核实其罪行。判处劓刑感到可疑，可以

从轻处治，罚金二百锾，要核实其罪行。判处剕刑

感到可疑，可以从轻处治，罚金五百锾，要核实其

罪行。判处宫刑感到可疑，可以从轻处治，罚金

六百锾，要核实其罪行。判处死刑感到可疑，可以从轻处治，罚金一千锾，要核实其罪行。墨罚的条目有一千，劓罚的条目有一千，荆罚的条目有五百，宫罚的条目有三百，死罪的刑罚，其条目有二百。五种刑罚的条目共有三千。

"要上下比较其罪行，不要错乱供辞，不要采取已经废除的法律，应当明察，应当依法，要核实啊！上刑宜于减轻，就减一等处治，下刑宜于加重，就加一等处治。各种刑罚的轻重允许有些灵活性。刑罚时轻时重，相同或不相同，都有它的条理和纲要。

"刑罚虽不置人死地，但受刑罚的人感到比重病还痛苦。不是巧辩的人审理案件，而是善良的人审理案件，就没有不公正合理的。从矛盾处考察供词，不服从的犯人也会服从。应当怀着哀怜的心情判决诉讼案件，明白地检查刑书，互相斟酌，都要以公正为标准。当刑当罚，要详细察实啊！要做到案件判定了，人们信服；改变判决，人们也信服。刑罚贵在慎重，有时也可以把两种罪行合并考虑，只罚一种。"

王说："谨慎啊！诸侯国君以及同姓官员们，对我的话要多多戒惧，我重视刑罚，有德于老百姓的也是刑罚。如今上天扶助老百姓，你们是在下面作天之配。应当明察一面之辞，老百姓的治理，无不在于公正地审理双方的诉讼词，不要对诉讼双方的诉词贪图私利啊！狱讼接受贿赂不是好事，那是获罪的事，我将以众人犯罪来论处这些人。永远可畏的是上天的惩罚，不是天道不公平，只是人们自

己终结天命。上天的惩罚不加到他们身上，众民就

不知有美好的政治在天下了。"

王说："子孙们，从今以后，我监察什么呢？

难道不是行德吗？对于老百姓案情的判决，要明

察。治理老百姓要运用刑罚，使无穷无尽的讼辞合

于五刑，都能公正适当，就有福庆。你们接受治理

我的好百姓，可要明察这种祥刑啊！"

周书·文侯之命

周作人・文艺之命

【原文】

王若曰："父义和！丕显文武，克慎明德，昭升于上，敷闻在下；惟时上帝，集厥命于文王。亦惟先正，克左右昭事厥辟，越小大谋猷罔不率从，肆先祖怀在位。呜呼！闵予小子嗣，造天丕愆。殄资泽于下民，侵戎我国家纯。即我御事，罔或耆寿俊在厥服，予则罔克。曰惟祖惟父，其伊恤朕躬。呜呼！有绩予一人永绥在位。父义和！汝克绍乃显祖，汝肇刑文武，用会绍乃辟，追孝于前文人。汝多修，捍我于艰，若汝予嘉。"

王曰："父义和！其归视尔师，宁尔邦。用赉尔秬鬯一卣，彤弓一，彤矢百，卢弓一，卢矢百，马四匹。父往哉！柔远能迩，惠康小民，无荒宁。简恤尔都，用成尔显德。"

【译文】

王这样说："族父义和啊！伟大光明的文王和武王，能够慎重行德，德辉升到上天，名声传播在下土，于是上帝降下那福命给文王、武王。也因为先前的公卿大夫能够辅佐、指导、服事他们的君主，对于君主的大小谋略无不遵从，所以先祖能够安然在位。

"不幸我这年轻人继承王位，遭到了上天的大责罚。没有福利德泽施给老百姓，侵犯我国家的人很多。现在我的治事大臣，没有老成人长期在职，我便不能胜任了。我呼吁：'祖辈和父辈的诸侯国君，要替我担忧啊！'啊哈！果然有促成我长安在王位的人了。

"族父义和！您能够继承您的显祖唐叔，您努力制御文武百官，用会合诸侯的方式延续了您的君主，追怀效法文王和武王。您很好，在困难的时候保卫了我，像您这样，我很赞美！"

王说："族父义和！要回去治理您的臣民，安定您的国家。现在我赐给您黑黍香酒一卣；红色的弓一张，红色的箭一百支；黑色的弓一张，黑色的箭一百支；四匹马。

"您回去吧！安抚远方，亲善近邻，爱护安定老百姓，不要荒废政事，贪图安逸。大力安定您的国家，以成就您显著的德行。"

周书·费誓

【原文】

公曰："嗟！人无哗，听命！徂兹淮夷、徐戎并兴。善敹乃甲胄，敿乃干，无敢不吊！备乃弓矢，锻乃戈矛，砺乃锋刃，无敢不善！今惟淫舍牿牛马，杜乃擭，敜乃阱，无敢伤牿。牿之伤，汝则有常刑。马牛其风，臣妾逋逃，无敢越逐，祗复之，我商赉汝。乃越逐不复，汝则有常刑。无敢寇攘，逾垣墙，窃马牛，诱臣妾，汝则有常刑。

甲戌，我惟征徐戎。峙乃糗粮，无敢不逮，汝则有大刑。鲁人三郊三遂，峙乃桢干。甲戌，我惟筑，无敢不供，汝则有无馀刑，非杀？鲁人三郊三遂，峙乃刍茭，无敢不多，汝则有大刑！"

【译文】

公说："喂！大家不要喧哗，听取我的命令。现今淮夷、徐戎同时起来作乱。好好缝缀你们的军服头盔，系连你们的盾牌，不许不好！准备你们的弓箭，锻炼你们的戈矛，磨利你们的锋刃，不许不好！

"现在要大放圈中的牛马，掩盖你们捕兽的工具，填塞你们捕兽的陷阱，不要伤害牛马。伤害了牛马，你们就要受到常刑！

"牛马走失了，男女奴仆逃跑了，不许离开队伍去追赶！得到了的，要恭敬送还原主，我会赏赐你们。如果你们擅自离开队伍去追赶，或者不归还原主，你们就要受到常刑！不许抢夺掠取，跨过围

墙，偷窃马牛，骗取别人的男女奴仆，这样，你们

都要受到常刑！

　　"甲戌这天，我们征伐徐戎。准备你们的干

粮，不许不到；不到，你们就要受到死刑！我们鲁

国三郊三遂的人，要准备你们的筑墙工具。甲戌这

天，我们要修筑营垒，不许不供给；如果不供给，

你们将受到终身不释放的刑罚，只是不杀头。我们

鲁国三郊三遂的人，要准备你们的生草料和干草

料，不许不够；如果不够，你们就要受到死刑！"

周书·秦誓

【原文】

公曰："嗟！我士，听无哗。予誓告汝群言之首。古人有言曰：'民讫自若是多盘。责人斯无难，惟受责俾如流，是惟艰哉！'我心之忧，日月逾迈，若弗云来。"惟古之谋人，则曰未就予忌；惟今之谋人，姑将以为亲。虽则云然，尚猷询兹黄发，则罔所愆。番番良士，旅力既愆，我尚有之。仡仡勇夫，射御不违，我尚不欲。惟截截善谝言，俾君子易辞，我皇多有之。昧昧我思之，如有一介臣，断断猗，无他技，其心休休焉，其如有容。人之有技，若己有之；人之彦圣，其心好之，不啻若自其口出。是能容之，以保我子孙黎民，亦职有利哉！人之有技，冒疾以恶之；人之彦圣而违之，俾不达。是不能容，以不能保我子孙黎民，亦曰殆哉！"邦之杌陧，曰由一人。邦之荣怀，亦尚一人之庆。"

259

【译文】

穆公说:"我的官员们,听着,不要喧哗!我有重要的话告诉你们。

"古人有话说:'人只顺从自己,就会多出差错。'责备别人不是难事,受到别人责备,听从它如流水一样地顺畅,这就困难啊!我心里的忧虑,在于时间过去,就不回来了。

"往日的谋臣,却说'不能顺从我的教导';现在的谋臣,我愿意以他们为亲人。虽说这样,还是要请教黄发老人,才没有失误。

"白发苍苍的良士,体力已经衰了,我还是亲近他们。强壮勇猛的武士,射箭和驾车都不错,我还是不大喜爱。只是那些浅薄善辩的人,使君子容易疑惑，我太多亲近他们！

"我暗暗思量着，如果有一个官员，诚实专一而没有别的技能，他的胸怀宽广而能容人。别人有能力，好像自己的一样。别人美好明哲，他的心里喜欢他，又超过了他口头的称道。这样能够容人，用来保护我的子孙众民，也或许有利啊！

"别人有能力，就妒忌，就厌恶。别人美好明哲，却阻挠使他不能通向君主。这样不能宽容人，用来也不能保护我的子孙众民，也很危险！

"国家的危险不安，由于一人；国家的繁荣安定，也许是由于一人的善良啊！"

名　句

【原文】

克明俊德，以亲九族。九族既睦，平章百姓。百姓昭明，协和万邦。

【注释】

选自《尚书·尧典》

克：能，能够。

俊：才智。

德：美德，道德。

九族：从自己的高祖至自己的玄孙九代。

睦：和睦。

平：分辨。

章：彰明。

百姓：百官，周朝之前普通平民有名无姓。

协：协和。万邦：众民族。

【译文】

公正能发扬才智美德，使家族亲密和睦。家族和睦以后，又辨明百官的善恶。百官的善恶辨明了，又使各诸侯国协调和顺。

【赏析】

上下和睦，百姓安居乐业是儒家思想的理想社会。这段话以颂扬帝尧的功德，强调"和"的重要性。我们常说："家和

万事兴。"说的就是人人友爱，家庭和睦，才能万事兴盛。以

家见国，以小见大，道理相同。试想，如果家族和睦，国家上

下一致和睦，团结一心，肯定社会呈现一片太平盛世景象，家

和先需人和，要求人人修养道德，友好相处，谦让有礼，自觉

遵守道德准则，以仁德感化对方。达到和睦相处的目的。

【原文】

静言庸违，象恭滔天。

【注释】

选自《尚书·尧典》

静言：静又写作"靖"，巧言。

庸：用。

滔：通"慆"，怠慢。

象恭：外表好象恭敬。

【译文】

花言巧语，阳奉阴违，貌似恭敬，实际上对上天轻慢不敬。

【赏析】

这句话是尧帝对公正的道德品质和行为的评价。尧帝意欲选拔接班人，让大臣们推荐人选，当有人举荐共工时，尧帝发表了如此意见，也说明尧帝审慎地选贤任能，重视德才兼备的选拔人才态度。他的任人唯贤的思想品德值得今天的人们借鉴。"静言庸违，象恭滔天。"这句话为后人经常引用，以指那些花言巧语，面目伪善，缺乏道德修养的人。

【原文】

无稽之言勿听……

无稽之言勿听，弗询之谋勿庸。

【注释】

选自《尚书·大禹谟》

稽：考证，验证。

弗询之谋：不询问众人的谋略。庸：用。

【译文】

没有经过验证的话不轻信，没有征询过众人意见的谋略不轻用。

【赏析】

常言道，耳听为虚，眼见为实；三个臭皮匠，顶个诸葛亮。这两句话的意思和"无稽之言勿听，弗询之谋勿庸"。说的是同一个道理。告诫人们，在现实生活中，不能道听途说，轻信妄言，凡事都要深入调查，以事实为根据，善于听取众人意见，集思广益，认真分析参考。只有这样，才不会影响自己的判断能力，不会被不实之言所蛊惑，不会因刚愎自用而决策导致失误，造成不良后果。

271

【原文】

克勤于邦，克俭于家。

【注释】

选自《尚书·大禹谟》

克勤于邦：指为治水的事业竭尽全力。

克俭于家：在家生活节俭。

272

【译文】

能为国家大事不辞辛劳，居家生活俭朴。

【赏析】

　　中国自古以来就以勤俭作为修身治国治家的美德。古人以

能否克勤克俭，是关系着国家强弱，存亡的大事，鼓励人们，

竭尽职守，勤奋工作，提倡节约，反对浪费。当然在现代文明

的今天，物质极大丰富，人们不可能无视于生活的享受，但前

提是不铺张浪费。

中国文化文学经典文丛

尚书

【原文】

视远惟明，听德惟聪。

【注释】

选自《尚书·太甲中》

惟，唯。

明，目明，喻监察是非。

聪，闻审谓之聪，听到的都思辨之。

274

【译文】

能看到远处，才是视觉锐利；能听从好话，才是听觉灵敏。

【赏析】

古人用能看远才是明察秋毫，善听好话，才是耳朵灵敏作比喻，鼓励人们注重自身修养，永不懈怠。不论是治国，还是个人 都强调的是道德品质修养，要勤奋学习，诚心求道，时刻躬身自反，检讨自己言行，胸襟宽广，善于听取意见，不要时常享乐和懒惰，用诚信、仁厚的美德赢得事业的成功。

275

【原文】

若网在纲，有条而不紊。

【注释】

选自《尚书·盘庚上》

纲：网的总绳。

紊：乱。

若：像，好像。

【译文】

就好像把网结在纲上，才能有条理而不紊乱。

【赏析】

这句话是盘庚责备在位的官员，墨守成规，不思进取，傲慢无礼，贪图安逸，不愿奉献。用"网""纲"作比喻，自己为"纲"，群臣是"网"，说明主次有序，强调不能目无君令，破坏规矩。以生活中浅显易懂的例子比喻，道出了主次秩序，有条不紊的深刻寓意。常用的"有条不紊"成语就是由此而来。

【原文】

为山九仞，功亏一篑。

【注释】

选自《尚书·旅獒》

仞：八尺为一仞。

亏：缺少。

篑：盛土的竹器。

【译文】

譬如堆垒九仞高的土山，只差一筐土，还是不算完成。

【赏析】

以堆山为喻，告诫人们修养品德应自强不息，持之以恒，不可半途而废。作为君王就要敬慎德行，只有为仁行善，以德化服人民，才能得到民心，只有勤奋为政，德行很盛，才能安定社会，巩固政权。做人也是如为学求道，修养道德就像堆山一样，要积极发挥主观能动性，不能中途停止，半途而废，前功尽弃，如果坚持不懈，永不止步就会终有成就。古人的话发人深省，回味无穷。

279

【原文】

以公灭私，民其允怀。

【注释】

选自《尚书·周官》

允：诚信，信实。

怀：归向。

【译文】

用公正消灭私欲，人民就会信任归向执政者。

【赏析】

《周官》是诰令，这句话就是《周官》中的一句，号召大小官员认真工作，谨慎发令，言出即行，周公心之公正除去私欲，位尊不当骄傲，禄厚不当奢侈，修养恭敬勤俭美德，不可行使诈伪，此赢得人民的信任。做到这些，人民才会心悦诚服。勉励官员兢兢业业，勤劳政事，克己奉公，廉洁自律，清白不污，做一个有益于社会的好人。

历史故事

千古一帝——秦始皇

秦始皇即嬴政，秦庄襄王之子，十三岁即王位，三十九岁称皇帝，在位三十七年。中国历史上著名的政治家、战略家、改革家，首位完成华夏大一统的铁腕政治人物，曾采用三皇之"皇"、五帝之"帝"构成"皇帝"的称号，是古今中外第一个称皇帝的封建王朝君主。秦始皇在中央创建皇帝制度，实施三公九卿，管理国家大事。地方上废除分封制，代以郡县制，同时又书同文，车同轨，统一度量衡。对外北击匈奴，南征百越，修筑万里长城。把中国推向了大一统时代，为建立专制主义中央集权制度开创了新局面，对中国和世界历史产生了深远影响，奠定中国两千余年政治制度基本格局。他被明代思想家李贽誉为"千古一帝"。

布衣皇上——刘邦

汉太祖高皇帝刘邦，沛郡丰邑中阳里人，汉朝开国皇帝，

汉民族和汉文化伟大的开拓者之一、中国历史上杰出的政治

家、卓越的战略家和指挥家。对汉族的发展，以及中国的统一

和强大有突出贡献。

刘邦出身农家，为人豁达大度，不事生产。历任沛县泗水

亭长、沛公、汉王。秦时因释放刑徒而亡匿芒砀山中。陈胜起

事后不久，集合县中约三千子弟响应起义，攻占沛县等地，称

沛公，不久投奔项梁。公元前206年，刘邦军进驻霸上，秦王子

婴向刘邦投降。秦朝灭亡。刘邦废秦苛法，与关中父老约法三

章。鸿门宴后封为汉王，统治巴蜀地及汉中一带。楚汉战争前

期，屡屡败北。但他知人善任，注意纳谏，能充分发挥部下的

才能，又注意联合各地反对项羽的力量，终于反败为胜。击败西楚霸王项羽后，统一天下。公元前202年，刘邦于荥阳汜水之阳即皇帝位，定都长安，史称西汉。

登基后一面消灭韩信、彭越、英布、臧荼等异姓诸侯王，又裂土分封九个同姓诸侯王。另一面建章立制并采用休养生息之宽松政策治理天下，让士兵复员归家，豁免其徭役，重农抑商，恢复残破的社会经济，稳定封建统治秩序。不仅安抚了人民，也促成了汉朝雍容大度的文化基础。对匈奴采取和亲政策，开放汉与匈奴之间的关市，以缓和双方的关系。

高祖十二年，刘邦因讨伐英布叛乱，被流矢射中，其后病重不起，公元前195去世，庙号太祖，谥号高皇帝。

允冠百王——汉光武帝刘秀

刘秀，字文叔，东汉开国皇帝，南阳郡蔡阳县（今湖北枣阳）人。在统一全国之后他仍能兢兢业业，勤于政事，"每旦视朝，日仄乃罢，数引公卿郎将议论经理，夜分乃寐"。他所实行的各项政策措施，既维护了东汉封建统治，也维护了国家统一，与民休息以促进社会经济的发展。《后汉书》作者范晔论曰："虽身济大业，兢兢如不及，故能明慎政体，总揽权纲，量时度力，举无过事，退功臣而进文吏，戢弓矢而散马牛，虽道未方古，斯亦止戈之武焉。"司马光也说："帝每旦视朝，日昃乃罢……虽以征伐济大业，及天下既定，乃退功臣而进文吏，明慎政体，总揽权纲，量时度力，举无过事，故能恢复前烈，身致太平。"他们对于光武帝在统一全国后的政绩都做了充分的肯定。光武晚年，宣布图谶于天下；用这种儒家思想加深对国人的统治。始终保持谨慎，兢兢业业，勤于政事，在封建帝王中还是难能可贵的。

明末清初的大思想家王夫之对光武帝评论，说他：三代而下，取天下者，唯光武焉，夏、商、周，后，"唯光武允冠百王矣"。说他超过历史上所有的皇帝！

圣人皇帝——隋文帝杨坚

隋文帝杨坚，为华阴人，是西魏随国公、北周柱国、大司空杨忠之子。隋朝开国皇帝，弘农华阴（今陕西省华阴县）人。

公元581年二月甲子日，北周的静帝以杨坚众望有归下诏宣布禅让。杨坚三让而受天命，自相府常服入宫，备礼即皇帝位于临光殿，定国号为大隋，改元开皇，宣布大赦天下。

公元589年，隋文帝遣兵挥戈南下，灭亡了割据南方的陈朝，统一了全国，同年琉球群岛归降隋朝，突厥可汗尊杨坚为圣人天可汗，表示愿为藩属永世归顺，千万世为圣朝典牛马。隋文帝结束了中国长期混乱的局面使国家又回到了和平年代。

盛世明君——李世民

唐太宗李世民，中国古代著名的政治家、军事家，唐朝第二代皇帝，唐王朝创建者唐高祖李渊的次子。

李世民生于隋开皇十八年（公元599年），16岁从军，雁门关护驾，18岁随父起兵进占关中，24岁平定天下。唐初统一战争的六大战役，李世民亲自指挥了其中的四个，对唐王朝的统一起到了决定性的作用。公元626年，李世民发动玄武门之变，太子李建成被杀，唐高祖李渊亦被迫退位，李世民登上了皇位。

李世民亲历了隋王朝被农民战争所埋葬的过程，深知"水能载舟亦能覆舟"的道理。李世民统治时期，勤于理政、从谏如流，人民安居乐业，尤其是贞观一朝"主明臣贤"的风范为后世历代统治者所效法，史称"贞观之治"。公元649年，李世民驾崩，庙号"太宗"，葬于昭陵。

千古女帝——武曌

武则天，并州文水（今山西文水县东）人，中国历史上唯

一一个正统的女皇帝，也是即位年龄最大（67岁即位）、寿命最

长的皇帝之一（终年82岁）。为唐朝功臣武士次女，母亲杨氏。

十四岁入后宫为唐太宗的才人，唐太宗赐号媚娘，唐高宗时初为

昭仪，后为皇后，尊号为天后，与唐高宗李治并称二圣，作为唐

中宗、唐睿宗的皇太后临朝称制，后自立为皇帝，定洛阳为都，

改称神都，建立武周王朝，神龙元年（705年）正月，武则天病

笃，宰相张柬之发动兵变，迫使武氏退位，史称神龙革命。唐中

宗复辟，恢复唐朝，上尊号"则天大圣皇帝"，后遵武氏遗命

改称"则天大圣皇后"，以皇后身份入葬乾陵，唐玄宗开元四年

（716年），改谥号为则天皇后，后加谥则天顺圣皇后。

293

士兵皇帝——赵匡胤

宋太祖赵匡胤，中国北宋王朝的建立者，庙号太祖，汉族，涿州（今河北）人。出身军人家庭，高祖赵朓，祖父赵敬，赵弘殷次子。948年，投后汉枢密使郭威幕下，屡立战功。951年，郭威称帝，建立后周，赵匡胤任禁军军官，周世宗时官至殿前都点检。周世宗柴荣死后，恭帝即位。建隆元年（960年），他以"镇定二州"的名义，谎报契丹联合北汉大举南侵，领兵出征，发动陈桥兵变，黄袍加身，代周称帝，建立宋朝，定都开封。

一代天骄——成吉思汗

勃儿只斤·铁木真，蒙古帝国可汗，尊号"成吉思汗"，意为"拥有海洋四方的大酋长"。世界史上杰出的政治家、军事家。出生在漠北草原斡难河上游地区（今蒙古国肯特省），取名铁木真。1206年春天建立大蒙古国，此后多次发动对外征服战争，征服地域西达中亚、东欧的黑海海滨。1227年在征伐西夏的时候去世，埋葬在蒙古肯特山起辇谷。1265年（至元二年）十月，元世祖忽必烈追尊成吉思汗庙号为太祖。1266年（至元三年）十月，太庙建成，制尊谥庙号，元世祖追尊成吉思汗谥号为圣武皇帝。1271年（至元八年），忽必烈将国号"大蒙古国"改为"大元"。1309年（至大二年）十二月，元武宗海山加上尊谥法天启运，庙号太祖。从此之后，成吉思汗的谥号变为法天启运圣武皇帝。

大明太祖——朱元璋

　　明太祖朱元璋，字国瑞。原名重八，后取名兴宗。濠州

钟离人，明朝开国皇帝。幼时贫困，曾为地主放牛。1344年

（元至正四年），入皇觉寺，后参加郭子兴领导的红巾军反抗

元朝，1356年（至正十六年）被部下诸将奉为吴国公。同年，

攻占集庆路，将其改为应天府。1368年（至正二十八年）朱元

璋在击破各路农民起义军后，于应天府称帝，国号大明，年号

洪武。后结束了蒙元在中国的统治，平定四川、广西、甘肃、

云南等地，建立了全国统一的封建政权。1380年（洪武十三

年），朱元璋诛杀丞相胡惟庸，废丞相，设承宣布政使司、提

刑按察使司、都指挥使司三司分掌权力，进一步的加强了中央

集权。1398年（洪武三十一年），朱元璋病逝于应天，享年71

岁，庙号太祖，谥号开天行道肇纪立极大圣至神仁文义武俊德成功高皇帝。葬南京明孝陵。

开创盛世——爱新觉罗·玄烨

清圣祖仁皇帝爱新觉罗·玄烨,即康熙帝,清朝第四位皇帝、清定都北京后第二位皇帝。年号康熙:康,安宁;熙,兴盛,取万民康宁、天下熙盛的意思。他8周岁登基,14岁亲政。在位61年,是中国历史上在位时间最长的皇帝。他是中国统一的多民族国家的捍卫者,奠下了清朝兴盛的根基,开创出康乾盛世的大局面。谥号合天弘运文武睿哲恭俭宽裕孝敬诚信功德大成仁皇帝。

夏国王——桀

暴君案列：以人为骑，强迫百姓苦役

桀，又名癸、履癸，生卒年不详，相传桀是夏朝最后的一

个国王。为历史上著名的暴君。他建造许多豪华宫殿，无休止

地征发百姓，强迫他们劳役。平民和奴隶纷纷怠工，反抗桀的

暴政。桀还自比为太阳，以为可以和太阳一样永存。老百姓恨

死他了，咒骂他说：你这个太阳啊，什么时候灭亡，我们愿意

与你同归于尽。在位五十三年，国亡，被放逐而饿死，葬于南

巢卧牛山（今安徽省巢县卧牛山）。

299

桀力大无穷，能空手拉直铁钩。他仗着这股蛮力，经常

无端伤害百姓。他为政残暴，破坏农业生产，对外滥施征伐，

勒索小邦。他即位后的第三十三年，发兵征伐有施氏，有施氏

抵挡不住，进贡给他一个美女，名叫妹喜。他十分宠爱妹喜，特地为她造了富丽堂皇的琼室、象廊、瑶台和玉床，供他俩荒淫无耻地享乐。这一切的负担都落在百姓的身上，人民痛苦异常，敢怒而不敢言。

桀重用佞臣，排斥忠良，到了晚年，更加荒淫无度，竟命人造了一个大池，称为夜宫，他带着一大群男女杂处在池内，一个月不上朝。太史令终古哭着进谏，桀反而很不耐烦，斥责终古多管闲事，终古知夏桀已不可救药，就投奔了商汤。

夏桀手下有个叫关龙逢的臣子，听到老百性的愤怒声音，觉得大势不妙，便对桀进谏说："天子谦恭而讲究信义，节俭又爱护贤才，天下才能安定，王朝才能稳固。哪今陛下奢侈无度，嗜杀成性，弄得百姓都盼望你早些灭亡。陛下已经失去了民心，只有赶快改正过错，才能挽回人心。"桀听了又怒骂关龙逢，最后更下令将他杀死。

夏桀认为他的统治永远不会灭亡。他说："天上有太阳，正像我有百姓一样，太阳会灭亡吗？太阳灭亡，我才会灭亡。"他还召集所属各部首领开会，准备发动讨伐其他部落的战争。这样，桀也就日益失去人心，弄得众叛亲离。这时候，商部落在汤的领导下日益兴旺了起来。商汤在名相伊尹谋划下，起兵伐桀，不久终于灭亡夏朝。夏桀逃走后被活活饿死。

商纣王——辛

暴君案列：创立炮烙之刑砍头、剁肺、甚至剖腹取出胎儿

看是男是女。逼迫比干挖心

商纣王是商朝最后一个国王。叫做受，又称帝辛。帝乙死

后继位，是中国历史上著名的暴君，在位三十三年而国亡。自

焚于朝歌鹿台。

商纣王长得外貌漂亮，身材高大，力大无穷，勇武绝伦，

能徒手和猛兽搏斗，并且聪明过人，能言善辩，又有才能。但

是，他的聪明和才能不仅没能巩固商王朝的统治，挽救商王朝

的灭亡，反而加速了商王朝灭亡进程。原因是一方面商王朝统

治，此时已经走到了衰亡时期，另一方面商纣王的聪明和才能

被用于挥霍享乐残酷伤害人民、剥削压迫人民上，因此加速了

商王朝的覆灭。

纣王对美女苏妲己，宠爱无比，整日与妲己饮酒作乐，为了方便，他学着当年夏桀的样子，在宫院中挖个大池子，池中灌满酒，称作"酒池"，池边的树木上挂上肉块，称作"肉林"，又命许多男女裸体在池中互相追逐嬉闹。为了博得妲己的欢心，纣王任意将路人砍头、剁肺、甚至剖腹取出胎儿看是男是女，非常残忍。

由于纣王荒淫无度，挥霍无度，浪费无度，为了填塞无穷的欲壑，只能把这些负担加上人民和属国的头上，大肆搜刮钱财和珍宝，残酷剥削广大劳动人民，这使广大奴隶和平民的生活苦不堪言，广大人民日益不满，平民反抗和奴隶逃亡接连不断，大臣们也多次劝谏，纣王一概不听。为了镇压日益增长的不满和反抗，制裁向他不断劝谏的大臣，纣王沿用了过去已有的黥、劓、刖、宫、辟等五刑外，还新创设一些更加残酷的刑罚，如先把人杀死，然后剁成肉块、肉酱，称作"肉醢"，把人杀死后烤晒成肉干，称作"肉脯"。更为残酷的是用铜钱铸成空心柱子，柱中烧红炭火，将不满他暴行的臣民，脱光衣服，绑铜柱上活活烤死，称之为"炮烙之刑"。

纣的兄长微子启多次劝谏，纣仍然一意孤行，微子启只好离开都城，躲藏起来。叔叔亚相比干劝谏他，他竟然说："听说圣人的心有七窍，我就倒要看看你的心有几孔！"命人把比干杀死，取出心来观看。大臣梅伯昌死劝谏，竟遭"炝烙之刑"。

周厉王——姬胡

暴君案列：横征暴敛，剥削人民造成国人暴动

他在位期间，横征暴敛，加重了对劳动人民的剥削，同时

还剥夺了一些贵族的权力，任用荣夷为卿士，实行"专利"，

将社会财富和资源垄断起来。因此招致了贵族和平民的不满。

他还不断南征荆楚，西北方面又防御游牧部落。西北戎狄，不

时入侵。与周边的少数民族也有矛盾。曾臣服于周的东南淮夷

不堪承受压榨，奋起反抗。周厉王为压制国人的不满，任用卫

巫监视口出怨言的人，发现就立即杀死，这些引得国内各项矛

305

盾愈来愈尖锐。公元前841年，发生了国人暴动，人民包围了王

宫，袭击厉王，他仓皇而逃，后于公元前828年死于彘（今山西

霍县）。他出逃后，召公（召穆公虎）、周公（周定公）管理

朝政，号为共和（一说由诸侯共伯和摄行政事）。自共和元年

（前841）中国历史有了明确纪年。

　　周厉王在位期间，重用奸佞荣夷公，不听贤臣周公、召

公等人劝阻，实行残暴的"专利"政策，奴役百姓，不让他们

有丝毫的言论自由，以至于行人来往，只能以目光、眼神来示

意。于是周朝国势更加衰落，朝政更加腐败。百姓怨声载道、

民不聊生，于是开始聚众起义，冲进王宫，试图杀掉厉王，史

称"国人暴动"。厉王只好逃出镐京，越过黄河，逃到周朝边

境—彘（今山西北部）。

秦二世——胡亥

暴君案列：残害宗亲、杀戮大臣、实行暴政

公元前210年，秦始皇带着胡亥第五次出巡全国，后来病死

在沙丘，宦官赵高和丞相李斯篡改遗诏，赐死长子扶苏，立胡

亥为帝。

秦二世即位后，宦官赵高掌实权，实行惨无人道的暴政

统治，陈胜、吴广扯起农民起义的大旗，揭开秦王朝灭亡的篇

章。公元前207年，年仅二十三岁的秦二世胡亥，在登基三年后

被赵高杀死。

胡亥的天下原本就是偷来的，做贼心虚，害怕诸公子与他

争帝位，决定一不做二不休，杀个干净。于是在赵高的罗织诬

陷下，胡亥连兴大狱。赵高将公子十二人、公主十人，旧臣近

侍若干人一起拘捕，在严刑拷打之下，全部问成谋逆重罪。结果，公子十二人戮死在咸阳，公主十人则在杜邮被肢解，所有财物抄没入官，被株连者不可胜数。

在胡亥杀掉的所有兄弟中，只有公子高是个例外，没有被诛连九族。在胡亥开始疯狂地屠杀兄弟姐妹的时候，其实公子高并没有被拘捕。公子高是个聪明的人，他看到胡亥连一母所生的兄弟都杀死，眼看着自己的兄弟姐妹一个个都死在了胡亥的手下，知道自己也不会被幸免。于是，公子高就想逃走避祸，但是为了保全自己全家老小的性命，公子高横下心来，上书胡亥，说："父皇不幸早逝，作为他的儿子，不能为他老人家尽孝道，既然他老人家已经仙逝，我做为他的儿子，理应殉葬父皇，好在地下陪伴服侍他。"胡亥一看非常高兴，认为公子高恪守孝道，于是就免了他全家的死罪，并赐钱十万厚葬公子高。

赵高一心排除异己，巩固自己的权势。秦始皇的子女都被杀完了，于是，赵高开始瞄向那些忠于朝廷的"异己"，借故制造冤狱，杀死了很多忠良大臣。

右丞相冯去疾、大将军冯劫联名冒死向秦二世上书，揭露赵高等奸臣的罪行，结果被双双下狱。在狱中，冯去疾、冯劫拒绝向赵高一伙奸佞屈服，为保持清白的名节，二人先后在狱中自杀。一代贤相、骁将就这样为自己的生命历程写完最后浓重而悲壮的一笔。秦朝的几根栋梁，都让胡亥伐倒了。

所有功臣除李斯之外，被清洗的干干净净，一时间朝堂空虚，幸存者人人自危。赵高趁机把自己的亲信安插到朝中要害位置，如弟弟赵成被任为郎中令，掌握京师和皇帝的卫队，女婿阎乐为咸阳令。其他如御史、侍中等官，也都换成了赵高的人，朝中到处都有赵高的爪牙和耳目。

感觉坐稳了宝座后，胡亥效法秦始皇，也巡游天下。南

到会稽（今苏州），北到碣石（今河北昌黎北），最后从辽

东（今辽宁辽阳）返回咸阳。在巡游途中，赵高建议胡亥趁机

树立自己的威信，将那些不听话的官吏全部诛杀。胡亥一路下

来，杀了不少地方官吏，以致于许多地方都没人敢当官了。

三国吴皇帝——孙皓

暴君案列：每凿人眼目，剥人面皮

孙皓字元宗（一说名彭祖，字皓宗），三国时期吴国的末代皇帝，他是孙权的孙子，孙和的儿子，

孙皓初立时，下令抚恤人民，又开仓振贫、减省宫女和放生宫内多余的珍禽异兽，一时被誉为令主。但很快他便变得粗暴骄盈、暴虐治国，又好酒色，从而民心丧尽。另外，他也把拥立自己的家臣杀掉（据说他们后悔拥立孙皓，被他知道而见杀），又曾迁都至武昌（今湖北鄂州），大兴土木。

孙皓即位的次年，曹魏的司马炎受禅称帝，建立西晋。

孙皓曾任用陆逊的族子陆凯为丞相。陆逊次子陆抗亦被孙皓委派镇守襄阳等处的边防。两人均是东吴名臣。据正史记

311

载，孙皓曾对两人的直谏有所不满，但因他们家族势大，孙皓始终没有惩罚他们和他们的子孙。

陆凯、陆抗二人于269年和274年相继去世。吴国失去了两位重臣，政局转坏。不久，西晋内部达成了伐吴的一致意见，遂于280年挥军南下。吴军毫无抵抗之力。结果建业陷落，吴国灭亡，孙皓本人也成了晋武帝的俘虏。

不久孙皓去见晋帝。帝赐坐曰："朕设此座以待卿久矣。"皓对曰："臣于南方，亦设此座以待陛下。"帝大笑。贾充问皓曰："闻君在南方，每凿人眼目，剥人面皮，此何等刑耶？"皓曰："人臣弑君及奸回不忠者，则加此刑耳。"充默然甚愧。帝封皓为归命侯。

后赵天王——石虎

暴君案列：五马分尸、杀人为乐、黑暗统治

后赵皇帝石虎，比汉赵帝国第三任帝刘聪更凶暴百倍，他跟一条毒蛇一样，脑筋里只有两件事，一是性欲，一是杀戮。他在首都邺城（河北临漳）以南开辟了世界上最大的狩猎围场，任何人都不许向野兽掷一块石头，否则就是"犯兽"，要处死刑。官员们遂用"犯兽"作为敲诈勒索的工具，一个人如果被指控"犯兽"，就死定了或破产定了。石虎不断征集美女，有一次一下子就征集三万人，后赵政府官员强盗般地挨家搜捕，美女的父亲或丈夫如果拒绝献出他的女儿或妻子，即被处决。仅四十年代三四五年，就为此杀了三千余人。当美女被送到邺城时，石虎龙心大悦，凡有超额成绩的地方首长，都晋封侯爵。但等到这暴政引起人民大规模逃亡时，石虎又责怪那些新晋封侯爵的地方首长不知道安抚人民，一律斩首。

石虎很爱他的儿子，他曾经大为诧异地说："我实在弄不懂司马家为什么互相残杀，像我们石家，要说我会杀我的儿子，简直不可思议。"他的长子石宣封皇太子，次子石韬封亲王，这一对弟兄的凶暴行径，不亚于石虎。石宣讨厌石韬宫殿的梁木太长，派人把石韬刺死，并且准备把石虎同时干掉，提前登基。石虎的反击迅速而残忍，他率领妻子姬妾和文武百官，登上高台，把石宣绑到台下，先拔掉他的头发，再拔掉他的舌头，牵着他爬到事先准备好的柴堆上，砍断手足，剜去眼睛，然后纵火烧死。石宣的妻子及所有姬妾儿女，全都被处斩，石宣的幼子才五岁，作为祖父的石虎十分疼爱，他老泪纵横地把孩子抱在怀中，当行刑官来拖孩子

时，孩子拉着祖父的衣服大哭，小手不肯放松，连衣带都被

拉断，但终被硬拖去杀死。太子宫的宦官和官员，都被车

裂。

前秦厉王——苻生

暴君案列：好人也杀、坏人也杀、杀人如踩蚁

苻生，前秦开国君主苻健之子。这位皇帝的所作所为和孙皓可以说是不分伯仲。他在会见大臣时，要先预备好弓箭、刀斧、锤锯等物件，看谁不顺眼当场杀死。拍他马屁的人，他认为是献媚，杀掉；向他劝谏的人，他认为是诽谤，也杀掉。后宫的嫔妃也不能幸免。他天生残疾，是个独眼龙。因此忌讳别人提到不足、不全、独、少、偏、残、缺、双等字眼。凡犯忌者全部处死。他的残暴已经达到了变态的地步。公元357年，他的堂弟苻坚发动政变，杀死了这个人神共愤的暴君。

宋前废帝——刘子业

暴君案列：斩其首，断其肢，掏出肠胃，挑取眼球后用蜜汁浸泡，称之为"鬼目粽"

大明八年（464）五月，南朝宋孝武帝刘骏因病去世。当天，十六岁的太子刘子业在群臣的簇拥下，举行了登基仪式。这位皇帝只在位一年多，即被杀，终年十七岁。因为既无庙号，又无谥号，故史称"前废帝"。

刘子业即位不久，即开始了对父亲的报复。他首先下令废掉孝武帝大明五年所立南北二驰道和孝建年间以来所改的制度，仍依文帝元嘉时所定制度。不仅如此，他还乘机讥讽父亲孝武帝。有一次，他请人在太庙为祖宗画像，见到武帝刘裕像，称赞："好一个英雄，生擒数天子！"见文帝刘义隆像，

说"这位也不错，但晚年不幸为儿子砍了头去。"见刘骏像，

则斥责画工："这位是个酒糟鼻，为何不画上？"并命人立即

补上。

颜师伯是刘骏重用的大臣，多年居权要之职。他骄奢淫

逸，目空一切，深遭衣冠之族的嫉恨。刘子业先拿他开刀，

下诏任颜师伯为尚书左仆射，免去其卫尉卿、丹阳尹之职，使

其有职无权又以吏部尚书王彧为尚书右仆射，分其权任。颜师

伯这才知道小皇上不可小看，心中恐惧起来。刘子业杀掉戴法

兴，举朝震慑，诸大臣各不自安。颜师伯与柳元景密谋，欲废

掉小皇帝，另立刘义恭。柳元景因久未定谋，便去找沈庆之讨

主意。沈庆之送走柳元景后，思忖自己与刘义恭的关系一直不

是很亲密，立刘义恭为帝非他所愿；刘骏遗诏中让沈庆之参决

大事，而颜师伯却专断朝政，为他所恨。经过考虑，沈庆之断

然向刘子业告发了柳、颜二人之谋。接到沈庆之的告发后，

刘子业马上亲帅羽林军抓获刘义恭，斩其首，断其肢，掏出肠

胃，挑取眼球后用蜜汁浸泡，称之为"鬼目粽"，刘义恭的四

个儿子也同被杀害。捕杀刘义恭的同时，刘子业又派人诏召柳

元景，并派全副武装的士兵随后赶到，柳元景从容受戮，他的

八个儿子、六个弟弟及诸侄也惨遭杀身之祸。颜师伯在道路上

被抓，立被斩首，六个儿子也遭受牵连被杀。

　　刘子业诛杀了几位顾命大臣后，胆壮气粗，改元景和，开

始亲理政务。此时，他仍有一事放心不下：刘义恭九岁的世子

伯禽为潮州刺史，不杀恐怕留下后患。于是，他派人前去杀害

了伯禽。从此以后，刘子业便肆无忌惮地施行暴政，视朝廷公

卿大臣皆如奴隶，随意捶打折磨。

　　新安王刘子鸾当年因生母殷贵妃而得父亲刘骏宠爱，引得

刘子业切齿痛恨。刘子业得势之后，马上派人去赐刘子鸾死。

年仅七岁的刘子鸾临死时，悲愤地对左右说："愿我来世不要

再生于帝王之家。"刘子鸾的同母弟六岁的南海王刘子师和同母妹也同时遭害。刘子鸾兄妹三人死后，刘子业犹觉不解恨，命人掘殷贵妃墓，又要掘埋葬刘骏的景宁陵。太史以掘景宁陵于他不利为由加以劝阻，方才罢休。当初殷贵妃死后，谢庄为其做诔文，其中有"赞轨尧门"之句，刘子业认为是谢庄有意将殷贵妃比为钩弋夫人，欲下令将其杀害。有人劝道："死对于所有人来说，都是一样的，痛苦也只是瞬间之事。谢庄生而享尽富贵，不知天下的劳苦，现在将他关在尚方，使他尝尝天下之苦，然后再杀他也不晚。"刘子业听了这番话。正对了他以折磨人为乐的脾性，于是下令将谢庄关在狱中。谢庄在尚方狱中受尽磨难，直到刘子业被杀后才获释放。

为姐姐淫乱的事情，刘子业杀了她的丈夫宁朔将军何迈。诛杀何迈之后，料定沈庆之必来入谏，便先派人关闭青溪上的几座桥，不让沈庆之进宫。沈庆之听说何迈之事后，果然前去请求面见刘子业，但多处碰壁，只好失望而归。为了彻底堵住这位好谏诤的老臣的嘴，刘子业派沈庆之的堂侄沈攸之赐给他毒药，让他自尽。沈庆之拒绝饮药，沈攸之便将他杀死。沈庆之的儿子、侍中沈文叔对弟弟、中书郎沈文季说："我能死，你能报！"说完拿起赐给沈庆之的药一饮而尽，当场死亡。沈庆之的另一个儿子、秘书郎沈昭明也自缢而死。沈文季见父兄转眼之间相继丧命，大吼一声，挥刀跃马冲出包围，脱身而去。为掩人耳目，刘子业对外诈称沈庆之年老病亡，赠侍中、太尉，谥曰"忠武公"，又为他举行了隆重葬礼。

隋炀帝——杨广

暴君案列：杀父害兄、残害忠良

隋炀帝是历史上有名的暴君，奢侈腐化，滥用民力，刑罚残酷。他即位的第一年，就每月役使200万人营建东都洛阳，修造华丽的宫殿和花园。位于洛阳西郊的西苑，周围200里，内有方圆十几里的人工海，海中筑有高出水面10余丈的蓬莱、方丈、瀛洲三山，山上建有各式台观殿阁。海北有龙鳞渠流入海中，沿渠建造了16院。他还从全国各地搜索奇材异石，花草禽兽。有的大木，一根要用2000人搬运，运到洛阳，要花几十万人工。

公元618年3月，江都兵变，隋炀帝被将领宇文化及、司马德勘等缢死。

亘古第一忠臣——国神比干

比干，子姓，沫邑人（今卫辉市北）。生于殷武乙丙子之

七祀（公元前1093年夏历四月初四日），卒于公元前1030年。

为殷商贵族商王太丁之子，名干。中国古代著名忠臣，被誉为

"亘古第一忠臣"。一生忠君爱国倡导"民本清议，士志于

道。"国神比干也是林氏的太始祖。

比干幼年聪慧，勤奋好学，20岁就以太师高位辅佐帝乙，

又受托孤重辅帝辛。比干从政40多年，主张减轻赋税徭役，鼓

励发展农牧业生产，提倡冶炼铸造，富国强兵。商末帝辛（纣

王）暴虐荒淫，横征暴敛，比干叹曰："主过不谏非忠也，畏

死不言非勇也，过则谏不用则死，忠之至也"。遂至摘星楼强

谏三日不去。纣问何以自恃，比干曰："恃善行仁义所以自

323

恃"。纣怒曰："吾闻圣人心有七窍信有诸乎？"遂杀比干剖视其心，终年63岁。

纣王又派兵包围比干府，欲满门抄斩，比干的两个妃子都怀孕在身，黄氏被捕立即处死，并剖腹取出胎中婴儿，并将尸体以火焚烧。正妃甾妫氏，为了保住比干一脉，放弃殉葬，忍辱负重，被同情的士兵放走，并与四个婢女逃出朝歌，隐居长林石室（今河南淇县西南）中，生下遗腹子"坚"，成为林姓始祖，其子孙因以为氏，称林氏，是为河南林氏，而如今林姓后人在各个领域内，成绩非凡。周武王封比干垄，垄为国神。

赐后代林姓；魏孝文帝拓跋宏立庙宇；唐太宗下诏封谥"忠烈公""太师"；宋仁宗为《林氏家谱》题诗，元仁宗为比干立碑塑像；清高宗祭文题诗，清宣宗修复比干庙正殿等等，此外，还有比干岭、比干墓（殷比干莫）。

周武王克商消灭暴君殷商王朝，夺取全国政权，建立了西周王朝，武王灭商后，为了收服巩固新建的政权，在政治上采取了许多政策和措施。分而治之的办法，安抚殷商遗民。他下令释放被纣王囚禁的百姓，修整商朝贤臣比干的坟墓，封比干国神，命三千年后才可发扬光大，派闳夭立放铜盘铭。放出

贤臣箕子并恢复其原职。孔子说的周染与殷礼损益可以知道。可见，古今对比却是事实。周武王封比干留下铜盘铭：封轩辕王子比干垄，上报天神，下报地神。中华民族千秋令："齐封神雨，雷电照今；供干师忠，慎为瞻遗。"命为宗祀，历朝致祭，并令禁慎瞻遗。

周公吐哺——元圣周公旦

周公，为周代的爵位，得爵者辅佐周王治理天下。历史上的第一代周公姓姬名旦，亦称叔旦，周文王姬昌第四子。汉族，因封地在周（今陕西省宝鸡市岐山北），故称周公或周公旦。为西周初期杰出的政治家、军事家和思想家，被尊为儒学奠基人，孔子一生最崇敬的古代圣人之一。"周公吐哺"即说周公旦。

周公又因其为太傅，系三公之一，故尊称为周公。曾先后辅助周武王灭商、周成王治国。其政绩，《尚书大传》概括为："一年救乱，二年克殷，三年践奄，四年建侯卫，五年营成周，六年制礼乐，七年致政成王。"在武装镇压商纣王子武庚、周武王兄弟管叔、蔡叔、霍叔及东方各国武装反叛以后，

"制礼作乐"，制定和完善宗法、分封等各种制度，使西周奴隶制获得进一步的巩固。

周公以商代灭亡和"三叔"等武装反叛活动为鉴，特别重视奴隶主贵族及其子弟的政治道德教育、治术教育和勤政教育，要求"敬德保民""明德配天""明德慎刑""有孝有德""力农无逸"等，主张充分发挥"颂""诰"对奴隶主及平民的教育影响作用，并提出分别以治绩考察、选任官吏的原则。一生注重礼贤下士，尊重贤能之士，善待来者。周公的言论散见于《尚书》中的《大诰》《多士》《无逸》《立政》等篇。

周公旦摄政六年，公制礼作乐第二年，也就是周公称王的第七年，当成王已经长大，周公把王位彻底交给了成王。《尚书·召诰·洛诰》中周公和成王的对话，大概是在举行周公退位、成王视事的仪式上，史官记下的。在国家危难的时候，不避艰辛挺身而出，担当起王的重任；当国家转危为安，走上顺利发展的时候，毅然让出了王位，这种无畏无私的精神，始终被后代称颂。但是，周公并没有因退位而放手不管，成王固然对他挽留，而他也不断向成王提出告诫，最有名的是《尚书·无逸》，以殷商的灭亡为前车之鉴，告诫成王要先知"稼穑之艰难"，不要纵情于声色、安逸、游玩和田猎。然后"还政成乏，北面就臣位"。周公旦退位后，把主要精力用于制礼作乐，继续完善各种典章法规。

周公致政三年之后，在丰京养老，不久得了重病，死前说："我死之后一定葬在成周，示意给天要臣服于成王。"死后葬于文王墓地毕，成王说："这表示我不敢以周公为臣。"

自春秋以来，周公被历代统治者和学者视为圣人。孔子推崇周公，向往周公的事业，盛赞周公之才，赞叹"周公之才之美"，"甚矣吾衰也！久矣吾不复梦见周公。"孟子首称周公为"古圣人"，将周公与孔子并论，足见尊崇之甚。荀子以

周公为大儒，在《儒效》篇中赞颂了周公的德才。汉代刘歆、

王莽将《周官》改名《周礼》，认为是周公所作，是其致西周

于太平盛世之业绩，将周公的地位驾于孔子之上。唐代韩愈为

辟佛老之说，大力宣扬儒家道统，提出尧、舜、禹、汤、文、

武、周公、孔子、孟子的统序。自此以后，人们常以周孔并

称，在教育上则有"周孔之教"的概念。总之，言孔子必及周

公，这是古代尊崇周公的情况。这种尊崇除了政治上的某种需

要之外，其主要方面则反映了古人对西周优秀传统文化教育的

珍视，以及对周公这位伟人的真诚敬仰。这在历史上曾经为弘

扬、继承、发展中华民族的优秀文化教育起过积极作用。

以死相谏——伍子胥

伍子胥春秋末期吴国大夫、军事家、谋略家，名员，字子胥，本楚国（今属湖北监利）人。封于申地，故又称申胥。

伍子胥性刚强，青少年时，即好文习武，勇而多谋。周景王二十三年（前522），因遭楚太子少傅费无忌陷害，父、兄为楚平王所杀，被迫出逃吴国，发誓必倾覆楚国，以报杀亲之仇。入吴后，知公子光有大志，乃助其刺杀吴王僚，夺取王位，得进用为"行人"，与谋国政。辅佐吴王阖闾修法制以任贤能，奖农商以实仓廪，治城郭以设守备。又举荐深通兵学的孙武为将，选练兵士，整军经武，使吴成为东南地区一强国。与孙武等佐阖闾统领大军沿淮水西进，由楚防备薄弱的东北部实施大纵深战略突袭，直捣楚腹地，以灵活机动的战法，击败楚军主力于柏举，并展开追击，公元前506年，伍子胥协同孙武带兵长驱攻入楚都郢（今荆沙江陵西北），伍子胥掘楚平王墓，鞭尸三百，以报父兄之仇。阖闾死后，继事吴王夫差。吴国倚重伍子胥等人之谋，西破强楚、北败徐、鲁、齐，成为诸侯一霸。

二十六年，吴、越夫椒之战，越惨败几于亡国，夫差急于图霸中原，欲允越求和之时，伍子胥预见到两国不能共存之势，又洞察越王勾践图谋东山再起之心，力谏不可养痈遗患，而应乘势灭越。夫差不纳，坐视越国自大。三十六年，及见夫差欲率大军攻齐，越王句践率众朝贺，再度劝夫差暂不攻齐而先灭越，以除心腹之患，又遭夫差拒绝。知夫差昧于大势而不可谏，吴国必为越国所破灭，为避祸而托子于齐国鲍氏，反遭太宰伯嚭诬陷，夫差听信太宰伯嚭谗言，称伍子胥阴谋倚托齐国反吴，派人送一把宝剑给伍子胥，令其自杀。伍子胥视死如归，在死前嘱咐五国大将军公孙雄说："我死后，将我眼睛挖出悬挂在吴京之东门上，以看越国军队入城灭吴。"便自刎而死，死后仅九年，越灭吴，终应其言。

伍子胥一生命运多舛，年轻时背井离乡，后率别国军队攻打自己的国家，鞭尸自己的先王，个中的滋味也只有伍子胥自己能够体会。

黑夜里的呐喊——爱国诗人屈原

屈原，中国古代伟大的爱国诗人，生于楚国丹阳（今湖北秭归人），名平，字原。战国时期楚国贵族出身，是中国最早的浪漫主义诗人，是楚武王熊通之子屈瑕的后代，中国文学史上第一位留下姓名的伟大的爱国诗人。他被世人称为"诗歌之父"。他的出现，标志着中国诗歌进入了一个由集体歌唱到个人独唱的新时代。

公元前342年屈原诞生于楚都丹阳。屈原自幼勤奋好学，胸怀大志。早年受楚怀王信任，任左徒、三闾大夫，兼管内政外交大事，常与怀王商议国事，参与法律的制定，主张章明法度，举贤任能，改革政治，联齐抗秦，提倡"美政"。在屈原努力下，楚国国力有所增强。为人性格耿直，却因在修订法规

的时候，不愿听从上官大夫的话与之同流合污，再加上楚怀王

的令尹子兰、上官大夫靳尚和他的宠妃郑袖等人，受了秦国使

者张仪的贿赂，不但阻止怀王接受屈原的意见，并且使怀王疏

远了屈原。公元前305年，屈原反对楚怀王与秦国订立黄棘之

盟，但是楚国还是彻底投入了秦国的怀抱。使得屈原亦被楚怀

王逐出郢都，开始了流放生涯。结果楚怀王在其幼子子兰等人

的极力怂恿下被秦国诱去，囚死秦国。

　　楚襄王即位后，屈原继续受到迫害，并被放逐到江南。公

元前278年，秦国大将白起带兵南下，攻破了楚国国都，屈原的

政治理想破灭，对前途感到绝望，虽有心报国，却无力回天，

只得以死明志，就在同年五月怀恨投汨罗江自杀。老百姓听到

噩耗很悲痛，争先恐后的来打捞他的尸体，结果一无所获。于

是，有人用苇叶包了糯米饭，投进江中祭祀屈原，这种祭祀活

动一年一年流传下来，渐渐成为一种风俗。定于农历五月初五

为端午节

政治斗争牺牲品——智囊晁错

晁错是汉文帝时的智囊人物，颍川（今河南禹县城南晁喜铺）人。汉文帝时，晁错因文才出众任太常掌故，后历任太子舍人、博士、太子家令（太子老师）、贤文学。在教导太子中受理深刻，辩才非凡，被太子刘启（即后来的景帝）尊为"智囊"

晁错曾多次上书主张加强中央集权、削减诸侯封地、重农贵粟。在文帝朝，晁错除了辅佐太子外，还对当时国家大事发表意见，提出建议。这些意见和建议，大都切合实际，见识深刻，不但在当时起了积极作用，而且对以后也产生了深刻的影响。如《言兵事疏》《守边劝农疏》《贵粟疏》和《举贤良对策》等，都是当时杰出的政论文。对地方诸侯王危害西汉王朝的问题，晁错与贾谊的看法是一致的。因此，晁错曾多次上书文帝，提出削诸侯和改革法令的建议。文帝虽没有采纳他的建议，但十分赏识他的才能。当时，太子刘启很赞成晁错的建议，而袁盎和不少大臣、功臣则持反对态度。申屠嘉死后，景帝提升御史大夫陶青为丞相，提升晁错为御史大夫。从此晁错位列三公，这是景帝二年（前155年）的事。晁错位高权重，就向景帝再提削藩的建议，这就是有名的《削藩策》。这个《削藩策》一提出来，立即在朝廷内引起极大震动。

景帝三年（前154年）正月，吴王刘濞首先在都城广陵起兵叛乱，并向各诸侯王国发出了宣言书，以"清君侧"为名，攻击晁错"侵夺诸侯封地，专以劾治污辱诸侯为事，不以诸侯人君之礼对待刘氏骨肉，所以要举兵诛之"，等等。同月，胶西王刘印带头杀了朝廷派到王国的官吏；接着胶东王刘雄渠、苗川王刘贤、济南王刘辟光、楚王刘戊、赵王刘遂，也都先后起兵，共同向西进攻。这就是历史上著名的"吴楚七国之乱"。

337

袁盎对景帝说："吴楚所发书信，说是晁错擅自抓住诸侯过错，削夺封地，因此以反为名，要杀晁错，恢复原来封地就罢兵。当今之计，只有斩晁错，派使者宣布赦免吴楚七国，恢复被削夺的封地，就可以不流血而统统罢兵。"景帝沉默了好久，然后说："且看真实情况如何，假如真像你所说的那样，为了对得起天下，我不会爱惜某一个人。"这实际上是同意袁盎的主张，准备以牺牲晁错的性命来乞求吴楚等国退兵了。诛杀晁错完全是一种突然袭击：景帝派中尉到晁错家，传达皇帝命令，骗晁错说让他上朝议事。晁错穿上朝服，跟着中尉上车走了。车马经过长安东市，中尉停车，忽然拿出诏书，向晁错宣读，晁错被腰斩了。

鞠躬尽瘁，死而后已——忠臣楷模诸葛亮

诸葛亮，字孔明，号卧龙（也作伏龙），徐州琅琊阳都（今山东临沂市沂南县）人，三国时期蜀汉丞相、杰出的政治家、军事家、散文家、书法家。在世时被封为武乡侯，死后追谥忠武侯，东晋政权特追封他为武兴王。诸葛亮在后世受到极大尊崇，成为后世忠臣楷模，智慧化身。成都、宝鸡、汉中、南阳等地有武侯祠，杜甫作《蜀相》赞诸葛亮。

诸葛亮早年不得志，不为志向所屈，故结庐于襄阳城西隆中山中隐居。公元207年，思贤若渴的刘备三顾茅庐，请计于诸葛亮，诸葛亮精辟地分析了天下形势，提出了统一天下应走鼎足三分，联吴抗曹的道路，也称"隆中对策"。这是诸葛亮为刘备提出的一条正确的政治路线相军事路线，也是诸葛亮一生

的行动纲领。从此，刘备的事业才出现了转机。

曹操率三十万大军南下荆州，诸葛亮以其大智勇出使东吴，说服东吴抗击曹操，取得赤壁之战的胜利，为刘备取得立足之地。刘备称帝后，谙葛亮任丞相。

至章武三年（223年）二月，刘备病重，召诸葛亮到永安，与李严一起托付后事，刘备对诸葛亮说："君才十倍曹丕，必能安国，终定大事。若嗣子可辅，辅之；如其不才，君可自取。"诸葛亮涕泣地说："臣敢不竭股肱之力，效忠贞之节，继之以死乎！"刘备又要刘禅视诸葛亮为父。

延至四月，刘备逝世，蜀后主刘禅继位，封诸葛亮为武乡侯，开设官府办公。不久，再领益州牧，政事上的大小事务，刘禅都依赖于诸葛亮，由诸葛亮决定。他励精图治，赏罚严明，推行屯田政策，并改善西南各族与蜀汉的关系，有利于当地经济、文化的发展。他曾六次北伐中原。公元234年，因积劳成疾，病逝于五丈原，葬于定军山（今陕西勉县东南）。

　　诸葛亮没有恪守儒家教条，他尊王而不攘夷，进兵南中，和抚夷越，在三国中执行了最好的民族政策。他明法、正身、和吴、治军，以"鞠躬尽瘁，死而后已"的无私奉献精神战斗到生命的最后一息。

再造唐室之功的忠臣义士——国佬狄仁杰

狄仁杰，字怀英，生肖虎，汉族，唐代并州太原（今山西省太原南郊区）人。唐武周时期杰出的政治家，武则天当政时期宰相。

狄仁杰为官，正如老子所言"圣人无常心，以百姓心为心"，为了拯救无辜，敢于拂逆君主之意，始终保持体恤百姓、不畏权势的本色，始终是居庙堂之上，以民为忧，后人称之为"唐室砥柱"；他在武则天统治时期曾担任国家最高司法职务，判决积案、疑案，纠正冤案、错案、假案；他任掌管刑法的大理丞，到任一年，判决了大量的积压案件，涉及1.7万人，其中没有一人再上诉伸冤，其处事公正可见一斑，是我国历史上以廉洁勤政著称的清官。

圣历元年（698年），武则天的侄儿武承嗣、武三思数次使人游说圣上，请立为太子。武则天犹豫不决。狄仁杰以政治家的深谋远虑，劝说武则天顺应民心，还政于庐陵王李显。当时，大臣李昭德等曾劝武则天继续以四子李旦为嗣，但没有为武则天接受。对武则天了解透彻、洞烛机微的狄仁杰从母子亲情的角度从容地劝说她："立子，则千秋万岁后配食太庙，承继无穷；立侄，则未闻侄为天子而附姑于庙者也。"武则天说："此朕家事，卿勿预知。"狄仁杰沉着而郑重地回答："王者以四海为家。四海之内，孰非臣妾？何者不为陛下家事！君为元首，臣为股肱，义同一体。况臣位备宰相，岂得不预知乎？"最终，武则天感悟，听从了狄仁杰的意见，亲自迎接庐陵王李显回宫，立为皇嗣，唐祚得以维系。狄仁杰因此被历代政治家、史学家称为有再造唐室之功的忠臣义士。

　　久视元年（700年），狄仁杰病故，朝野凄恸，武则天闻讯泣言之："朝堂空也！"赠文昌右相，谥曰文惠；唐中宗继位，追赠司空；唐睿宗即位之后又封之为梁国公（所以后世称其为：狄梁公）。葬于国都洛阳白马寺。

　　狄仁杰的一生，可以说是宦海浮沉，狄仁杰每任一职，都心系民生，政绩卓著。在他身居宰相之位后，辅国安邦，可谓推动唐朝走向繁荣的重要功臣之一。

精忠报国——民族英雄岳飞

岳飞，字鹏举，相州汤阴人（河南），为宋朝名将。事母至孝，家贫力学。其母亲在他背上刺"精忠报国"四字，岳飞以此为一生处世的准则。北宋宣和中，以敢战士应募，隶留守宗泽部下，屡破金兵，宋高宗手书"精忠岳飞"四字，制旗赐之。

公元1129年，金兀术渡江南进，攻陷建康，岳飞坚持抵抗，于次年收复建康大破金兵"拐子兵"于郾城，收复郑州、洛阳等地，两河（淮河、黄河）义军纷起响应，复欲进军朱仙镇，惜宰相秦桧力主和，乃一日降十二金字牌，召还。

1141年（绍兴十一年），他遭诬告"谋反"，被关进了临安大理寺。被刑审、拷打。与此同时，宋金政府之间，正加紧策划第二次和议，双方都视抗战派为眼中钉，金兀术甚至凶相毕露地写信给秦桧："必杀岳飞而后可和。"在内外两股恶势力夹击下，岳飞正气凛然，光明正大，忠心报国。在他身上，秦桧一伙找不到任何反叛朝廷的证据，但岳飞却仍于绍兴十一年农历除夕夜，被赵构"特赐死"，被杀害于临安大理寺内，年仅三十九岁。岳飞部将张宪、儿子岳云亦被腰斩于市门。岳飞父子及张宪死于奸臣昏君之手，激起了抗金军队和老百姓的强烈愤怒。韩世忠当面质问秦桧，秦桧支吾其词"其事体莫须有"。韩世忠当场驳斥："莫须有三字，何以服天下？"民族英雄岳飞，就在"莫须有"的罪名下，含冤而死。临死前，他在供状上写下"天日昭昭，天日昭昭"八个大字。

亘古未有的祸灭十族——一代大儒方孝孺

方孝孺，字希直，一字希古，号逊志，曾以"逊志"名

其书斋，蜀献王替他改为"正学"，因此世称"正学先生"。

福王时追谥文正。浙江宁海人（宁海古古称缑城，故时人称其

为"缑城先生"），明代大臣、著名学者、文学家、散文家、

思想家。师从"开国文臣之首"的翰林学士宋濂，历任陕西

汉中府学教授，翰林侍讲，侍讲学士，直至按照《周礼》更定

官制，将侍讲学士和侍读学士合并为文学博士，并升任文学博

士。建文年间担任建文帝的老师，主持京试，推行新政。在

"靖难之役"期间，拒绝为篡位的燕王朱棣（即成祖）草拟即

位诏书，刚直不屈，孤忠赴难，被株十族。

方孝孺是建文帝最亲近的大臣，他也视建文帝为知遇之

君，忠心不二，明成祖的第一谋士姚广孝曾跪求朱棣不要杀方孝孺，否则"天下读书的种子就绝了"，明成祖答应了他。南京陷落后，方孝孺闭门不出，日日为建文帝穿丧服啼哭，明成祖派人强迫他来见自己，方孝孺穿着丧服当庭大哭，明成祖也颇为感动，走下殿来跟他说："先生不要这样，其实我只是效法周公辅弼成王来了。"方反问："成王安在？"明成祖答："已自焚。"方问："何不立成王之子？"成祖道："国赖长君。"方说："何不立成王之弟？"成祖道："此朕家事！"并让人把笔给方孝孺，说："此事非先生不可！"孝孺执笔，疾书"燕贼篡位"数字，掷笔与地，且哭且骂："死即死耳，诏不可草。"朱棣发怒说："汝不顾九族乎？"孝孺奋然作答："便十族奈我何！"骂声益厉。朱棣气急败坏，恨其嘴硬，叫人将方孝孺的嘴角割开，撕至耳根。孝孺血涕纵横，仍喷血痛骂，朱棣厉声道："汝焉能遽死，当灭十族！"朱棣一面将他关至狱中，一面搜捕其家属，逮解至京，当其面一一杀戮。孝孺强忍悲痛，始终不屈。胞弟孝友临刑时，孝孺泪如雨下，孝友从容吟诗："阿兄何必泪潸潸，取义成仁在此间。华表柱头千载后，旅魂依旧回家山。"孝孺亦作绝命诗一首："天将乱离兮孰知其由，奸臣得计兮谋国用猷，忠臣发责兮血泪交流，以此殉君兮抑又何求，呜乎，哀哉兮庶不我尤。"

最终，朱棣就在九族之上又加一族，连他的学生朋友也因此而受牵连。这就是亘古未有的"灭十族"，总计八百七十三人全部凌迟处死！行刑的日期长达七日之久！入狱及充军流放者达数千。

修身齐家治国平天下——千古完人曾国藩

曾国藩，初名子城，字伯涵，号涤生，谥文正，出生于湖南长沙府湘乡县杨树坪（现属湖南省娄底市双峰县荷叶镇）。晚清重臣，湘军之父，湘军的创立者和统帅者。清朝战略家、理学家、政治家、书法家、文学家，晚清散文"湘乡派"创立人。晚清"中兴四大名臣"之一，官至两江总督、直隶总督、武英殿大学士，封一等毅勇侯，谥曰文正。

咸丰二年（1852年）十一月，太平军自湖南北出，攻克汉阳。咸丰三年（1853年），曾国藩创立地方团练，称为湘军。分陆军、水师两种，士兵则招募湘乡一带农民为主，全军只服从曾国藩一人。湘军将帅之廉勇，军纪之严明，是其勇猛善战的重要原因，亦使湘军威震天下。由此，战乱各省纷纷赴湖南募勇招兵，蔚然成风，后人有"天下无湘不成军"之说。

曾国藩军事思想内涵极丰，集显过人之处。他认为，兵不在多而在于精，"兵少而国强"，"兵愈多，则力愈弱；饷愈多，则国愈贫"。主张军政分理，扣负其责。他购买洋枪、洋炮、洋船，推进中国军队武器的现代化。

同治三年即1864年6月曾国荃攻下南京之后，他的很多下属都委婉地表达了拥曾国藩为帝的想法，抱怨朝廷对湘军奖励不公，但他不为所动，7月立即裁军，从核心部队曾国荃的部队裁起，立即裁掉一半，然后城内留一半部队守城，另一半开住城外。然后着手在全国范围裁湘军，第二年，裁了二十万，能亲手调动的只剩下六千人了，可以说是雷厉风行。

曾国藩是近代著名的政治家，对"康乾盛世"后清王朝的腐败衰落，洞若观火，他说："国贫不足患，惟民心涣散，则为患甚大。"对于"士大夫习于忧容苟安"，"昌为一种不白不黑、不痛不痒之风"，"痛恨次骨"。他认为，"吏治之坏，由于群幕，求吏才以剔幕弊，诚为探源之论"。基于此，曾国藩提出，"行政之要，首在得人"，危急之时需用德器兼备之人，要倡廉正之风，行礼治之仁政，反对暴政、扰民，对于那些贪赃枉法、渔民肥己的官吏，一定要予以严惩。曾国藩认为，理财之道，全在酌盈剂虚，脚踏实地，洁己奉公，"渐求整顿，不在于求取速效"。曾国藩将农业提到国家经济中基础性的战略地位，他认为，"民生以稼事为先，国计以丰年为瑞"。他要求"今日之州县，以重农为第一要务"。

受两次鸦片战争的冲击，曾国藩对中西邦交有自己的看法，一方面他十分痛恨西方人侵略中国，认为卧榻之旁，岂容他人鼾睡，并反对借师助剿，以借助外国为深愧"；另一方面又不盲目排外，主张学习西方先进的科学技术，如他说过购买外洋器物、访募覃思之士、智巧之匠、始而演习、可以剿发捻，可以勤远略等。

中国自古就有立功（完成大事业）、立德（成为世人的精神楷模）、立言（为后人留下学说）"三不朽"之说。而真正能够实现者却寥若星辰，曾国藩就是其中之一。他打败太平天国，保住了大清江山，是清朝的"救命恩人"；他"匡救时弊"、整肃政风、学习西方文化，使晚清出现了"同治中兴"；他克己唯严，崇尚气节，标榜道德，身体力行，获得上下一至的拥戴；他的学问文章兼收并蓄，博大精深，是近代儒家宗师，"其著作为任何政治家所必读"（蒋介石），实现了儒家修身、齐家、治国、平天下、立功、立德、立言"三不朽"事业，不愧为"中华千古完人"。

353

创建弘治中兴的明孝宗

明孝宗针对前朝之弊，锐意改革，与民休息，终于使明朝实现了中兴。

明成化二十三年（1487）八月，明宪宗去世，太子朱祐樘继位，是为孝宗，改元弘治。明孝宗励精图治，锐意进取，进行了一系列改革，使成化朝以来奸佞当道的局面得以改观。其在位十八年间，国家政治清明、经济繁荣、百姓富裕，史称"弘治中兴"。

明宪宗成化末年，宠幸万贵妃，重用宦官汪直、梁芳等人，以致奸佞当权，朝纲败坏。对于这些情况，其继任者孝宗十分清楚，因此在即位之初，孝宗就着手改革弊政。孝宗幼年经历坎坷，身弱多病。但他即位后，勤于政事，使得大臣有更多的机会协助皇帝办理政务。同时，他又重开经筵侍讲，向群臣咨询治国之道。

弘治元年（1488），孝宗采纳大臣的建议，开设大小经筵。这一制度是在正统初年制定的。大经筵，每月逢二、十二、廿二日举行，主要是一种礼仪；小经筵又称日讲，君臣之间不拘礼节，从容问答，是重要的辅政方式。大小经筵制度，在宪宗朝时一度废置。孝宗开始坚持日讲，同时，又在早朝之外，另设午朝，每天两次视朝，接受百官面陈国事。孝宗勤政图治的做法，与其父怠于朝政形成鲜明对照。孝宗还开创了文华殿议政制度，其作用是在早朝与午朝之余的时间，与内阁共同切磋治国之道，商议政事。

由于孝宗锐意求治，朝廷上下，文武百官纷纷上言，或痛陈时弊，或广进方略。马文升上时政十五事，包括选贤能、禁贪污、正刑狱、广储积、恤士人、节费用、抚四裔、整武备等诸多方面，孝宗对此十分赞赏，一一付诸实施，这对弘治朝兴利除弊起了积极的作用。

在吏治方面，孝宗将成化朝通过贿赂、溜须拍马而发迹的官员一律撤换。改革首先从内阁开始，罢免了以外戚万安为首的"纸糊三阁老"。同时，孝宗大量起用正直贤能之士，如王恕、马文升、怀恩等在成化朝由于直言而被贬的官吏，以及徐溥、刘健、谢迁、李东阳等贤臣，还为抗击瓦剌建立大功的于谦建旌功祠。孝宗的以上措施，使得朝中和宫中的气象为之一新，时称"朝序清宁"。

孝宗在内政上最主要的措施是大力兴修水利，发展农业。

弘治二年（1489）五月，开封黄河决口，孝宗命户部左侍郎白昂领五万人修治。弘治五年（1492），苏松河道淤塞，泛滥成灾。孝宗命工部侍郎徐贯主持治理，历时近三年方告完成。从此，苏松消除了水患，再度成为鱼米之乡。

孝宗力行节俭，诏令削减宫廷开支与供奉，主张节约费

用，减轻人民负担。他屡次下诏，禁止宗室、权贵侵占民田，

鱼肉百姓；并减免一些地方的夏税、秋税。这些措施都十分有

利于缓和社会矛盾和危机。正统、成化年间，农民起义不断，

有几次声势还相当大，而弘治一朝却几乎没有发生过农民暴

动。孝宗的努力终于得到了回报，弘治朝吏治清明，孝宗任贤

使能，抑制官宦，勤于务政，倡导节约，与民休息，创造出明

代历史上少有的经济繁荣、人民安居乐业的局面。

忍辱负重的苏秦

苏秦，字季子，东周洛阳乘轩里（洛阳李楼乡太平庄）人，是战国时期与张仪齐名的纵横家。他出身农家，素有大志，曾长年追随鬼谷子学习纵横捭阖之术。

未得志之前，苏秦曾求见周天子，却没能成功，一气之下，变卖了家产到别的国家找出路去了。他又去了秦国，见到了秦王，但秦王不赏识他，也没做成官。后来钱用光了，衣服也穿破了，只好回家。他的父母看到他趿拉着草鞋，挑副破担子，一副狼狈相，便狠狠地骂了他一顿，说："咱们周国人的习俗，大家都治理产业，努力从事工商，追求那十分之二的利润。如今你丢掉本行而去干耍嘴皮子的事，弄得穷困潦倒，真是活该。"他的妻子坐在织机旁织帛，看都不看他一眼。

他求嫂子给他做饭吃，嫂子理都不理，扭身就走开了。

苏秦受了很大刺激，感叹说："我的妻子不把我当成丈夫，

嫂子不把我当成叔叔，父母不把我当成儿子，这都是秦国的罪

错！"

于是决心发愤图强，做出一番事业。从此以后，他努力

读书，钻研"周书阴符"，天天读到深夜。有时候读书读到

半夜，又累又困，他就用锥子扎自己的大腿，虽然很疼，但能

够提神，他就接着读下去。就这样日夜苦读，用了一年多的时

间，他的知识比以前丰富多了。在有所收获后，苏秦决定重新

出游。他首先向东到了赵国，赵肃侯让自己的弟弟赵成出任国

相，而赵成不喜欢苏秦，因此苏秦的赵国之行并不顺利。

正在苦闷之际，正好遇见燕昭王广招天下贤士，苏秦便去

了燕国，打算游说燕王，等了一年多才有机会拜见燕昭王。苏

秦的主张非常符合燕昭王的心意，因此深受燕昭王的信任。苏

秦认为，燕国欲报强齐之仇，必须先向齐国表示屈服顺从，

而将复仇的愿望掩饰起来，为振兴燕国创造有利的外部环境。其次，苏秦周游于列国之间，却没人肯用他。要鼓动齐国不断进攻其他国家，以防止齐国攻燕，并消耗其国力。为此，他劝说齐王伐宋，合纵攻秦。

公元前285年，苏秦到齐国，挑拨齐、赵关系，取得齐愍王的信任，被任为齐相，但暗地却仍为燕国谋划。齐愍王被蒙在鼓里，依然任命苏秦率兵抗御燕军。齐、燕之军交战时，苏秦有意使齐军失败，使齐军士卒五万人丧生。他使齐国群臣不和，百姓离心，为乐毅率领五国联军攻破齐国创造了条件。

之后，苏秦又说服赵国联合韩、魏、齐、楚、燕等国攻打秦国，赵国国君很高兴，赏给苏秦很多宝物。苏秦得到赵国的帮助，又到韩国，游说韩宣王；到魏国，游说魏襄王；至齐国，游说齐宣王；又往楚国，游说楚威王。诸侯都赞成苏秦的

计划，于是六国结成联盟，以苏秦为合纵长，身挂六国相印，

成了六国的国相。至此，苏秦的政治生涯达到最高峰。

于是苏秦北上向赵王复命，途中经过洛阳，随行的车辆

马匹满载着行装，各诸侯派来送行的使者很多，气派比得上帝

王。周显王听到这个消息感到害怕，赶快找人为他清除道路，

并派使臣到郊外迎接慰劳。到了家里，苏秦的兄弟、妻子、嫂

子不敢抬头看他，都俯伏在地上，非常恭敬地服侍他用饭。苏

秦笑着对嫂子说："你以前为什么对我那么傲慢，现在却对我

这么恭顺呢？"他的嫂子弯曲着身子，匍匐到他面前，脸贴着

地面请罪说："因为我看到小叔您地位显贵，钱财多啊。"苏

秦感慨说："同样是我这个人，富贵了亲戚就敬畏我，贫贱

了就轻视我，何况一般人呢！假使我当初在洛阳近郊有二顷良

田，如今，我难道还能佩带六国的相印吗？"于是他散发了千

金，赏赐给亲戚朋友。当初，苏秦到燕国去，向人家借过一百

361

钱做路费，现在富贵了，就拿出一百金（一百万钱）偿还给那

个人，并且报答了以前所有对他有恩德的人。

苏秦约定六国联盟之后，回到赵国，赵肃侯封他为武安

君，于是，苏秦把合纵盟约送交秦国。

从此秦国不敢窥伺函谷关以外的国家，长达十五年之久。

不知反省自己的马谡

    三国时期，诸葛亮平定南中之后，经过了两年准备，于公元227年率领大军进入汉中。汉中处在魏国和蜀国的交界处，进可以攻打魏国、北伐中原，退可以守住蜀汉，保存汉室。诸葛亮在离开成都的时候，给后主刘禅上了一道奏章，希望后主能振作精神，兴复汉室，这就是历史上有名的《出师表》。其后，诸葛亮向外散出消息，说是要攻打郿城（今陕西眉县），并且派大将赵云带领一支军队，进驻箕谷（今陕西褒城北），装出一副要攻打郿城的架势。魏军得到消息，立刻派出重兵驻守郿城。诸葛亮则趁着魏军不防备，亲自率领蜀军主力，突然由西路扑向祁山（今甘肃礼县东）。

363

    这时，驻守在祁山的魏军并没有做好战斗准备，蜀军很快攻下祁山。蜀军乘胜进军，又攻占了祁山北面的天水、南安、安定三郡，这三个郡的守将都向蜀国投降了。这一消息传到洛阳，魏国的大小官员都惊慌失措。魏明帝曹睿立刻下令让大将司马懿率领二十万大军赶赴祁山，还亲自到长安去督战。

蜀军占领祁山后，诸葛亮仔细观察附近地形，他知道魏军一定派兵来争夺，所以决定派出一支精锐人马去占领街亭，以此作为北伐的据点。

诸葛亮为什么如此重视街亭呢？原来，街亭的地理位置十分重要，它是通往汉中的咽喉，也是蜀汉大军后勤补给的必经之处。此外，街亭还是蜀汉陇西地区的天然屏障。正因为如此，街亭才成为这次蜀魏战争中双方极力争夺的战略要地。

就在这时，司马懿率领的二十万大军马上就要抵达祁山地区了。诸葛亮立即召集众将官商议对策。

诸葛亮问道："谁愿意率兵驻守街亭？"

只见参军马谡从众将官中站了出来，表示愿意担此重任。

诸葛亮沉默了一会儿，他知道，马谡读了不少兵书，平时又很喜欢谈论军事，诸葛亮对他也非常信任。但是，刘备在世的时候，经常嘱咐诸葛亮说：马谡这个人言过其实，不能派他干大事，还得好好考察一下。"想到这里，诸葛亮不放心把街亭交给他防守，于是对他说道："街亭虽小，但是战略意义重大，它关系着蜀军的安危利害。况且街亭既没有城郭，又无险可守，一旦丢失，我军将会面临极大的困境。"

马谡见诸葛亮对自己有所轻视，有些不以为然，说道："末将自小熟读兵书，区区一个街亭，难道还守不住吗？如果丞相觉得我不堪大任，那么我就当众在此立下军令状，如果街亭在我手里丢掉，我情愿接受军法处置！"

诸葛亮思量再三，决定让马谡驻守街亭，让他立下军令状，并拨给他两万五千名精兵，又派王平、高翔等人辅助马谡。临行之前，诸葛亮再三嘱咐他们一定要守住街亭要道，不可放魏军一兵一卒过去。

到街亭后，马谡和王平先查看地形，大路总口处在街亭要道之上，把守着街亭大门。王平认为应该在此处驻守，而马谡在看了地形以后，对王平说："这一带地形十分险要，街亭旁边有座山，正好可以在山上扎营，布置埋伏。"王平提醒他说："丞相临走的时候嘱咐过，要我们坚守城池，稳扎营垒。在山上扎营太过冒险了。"然而，马谡自以为饱读兵书，根本不听王平的劝告，执意要在山上扎营。王平无奈，只好请求马谡拨给他一千军队，在山的西边另择一处驻扎。司马懿率领魏军来到街亭，看到驻扎在这里的大将是马谡，而且马谡不去防守要道，却把大军驻扎在山上，便大笑说："孔明聪明一世，糊涂一时，他怎么能用马谡这样的庸才来守卫街亭呢，真是上天都在助我啊！"他一面命令大将张郃挡住王平，一面又下令手下将士，在山下筑好营垒，把马谡扎营的那座山围困起来，断绝山上的饮水，然后严阵以待，准备进攻。

蜀军将士见山下布满了魏军，不禁惊慌失措起来。马谡几次命令兵士冲下山去，但是由于张郃防守坚固，蜀军始终无法攻破魏军的营垒。蜀军在山上断了水粮，时间一长，自己先乱了起来。张郃见蜀军大乱，立刻发起总攻，率领大军冲上山去。蜀军碰到魏军，很快就溃败了，马谡见大势已去，只好自己杀出重围，往西逃跑。

王平听说马谡战败，就命令手下的一千兵士拼命敲鼓，装出进攻的样子。张郃听到鼓声，以为蜀军设有埋伏，就没有冒然追击。王平乘机整饬军队，向后撤退，不但自己脱离了危险，还收容了不少马谡手下的溃兵。

蜀军失去了街亭，又丧失了不少人马。魏军乘势长驱直入，诸葛亮为了避免遭受更大损失，遂决定把军队全部撤退到汉中。回到汉中，诸葛亮把马谡抓了起来。马谡自知免不了一死，就在监狱里写了一封信，托人转交给诸葛亮，信中说道："丞相平日待我像待自己的儿子一样，我也把丞相当作自己父亲。这次我犯了死罪，希望我死以后，丞相能够像舜杀了鲧还用禹一样，善待我的儿子，我死了也没牵挂了。"诸葛亮看到信后，想起平时与马谡的情谊，心里十分难过，流下了眼泪。不过，他最后还是忍痛斩了马谡。

居功自傲的高拱

明朝权臣高拱出身官宦世家，相貌魁伟，精明强干，一度担任内阁大学士、内阁首辅，深受朝廷器重。但同时他也专横跋扈，不能容人，很多大臣都因受不了他的排挤，主动辞职，告老还乡。

1572年，明穆宗病重，太监冯保要张居正而不是高拱草拟遗诏，引起高拱不悦。他一面斥责张居正，一面使计驱赶冯保。但未等将冯保整垮，穆宗就去世了。临终之前，穆宗要高拱、张居正和高仪为顾命大臣，而冯保则通过矫拟遗诏也成为顾命大臣，和高拱等共同辅佐年仅十岁的明神宗。神宗登基那天，冯保还故意站在皇帝的旁边，远远看去，百官就好像在向冯保跪拜。

有人提醒高拱小心冯保，高拱没有放在心上。他入仕多年，经历斗争无数，斗倒了一堆大臣，根本不把冯保放在眼里。他要御史刘良弼联合一些大臣搜罗冯保的罪状，然后又遣给事中陆树德等以皇帝年幼，谨防宦官专权为由弹劾冯保。高拱以为，只要等这封弹劾奏折递到皇上那里，冯保的好日子就结束了。

但事情偏偏没有如他的愿。高拱将弹劾冯保的计划告诉给张居正，而张居正却将此事悉数透露给冯保。原来，张居正也很想在仕途上有一番作为，但他清楚，高拱为人专横，稍不合其意之人无不遭到报复，只要高拱把持朝政一天，自己就只能匍匐在高拱脚下。因此对他来说，最好的情况就是冯保斗倒高拱。待高拱退出权力中心，自己主导了内阁事务，再来收拾冯保。

冯保得知高拱已经作好准备对付自己，于是马上开始行动。他向太后放话，说高拱认为皇帝年幼，打算拥立他人为君主，太后大惊。相比大权在握，态度张狂的高拱，太后更信任善于逢迎的冯保。当下太后便拿定主意，驱逐高拱。

第二天，明神宗突然召见群臣，宣两宫及帝诏。高拱还以为宣诏针对的是冯保，待诏书发出，顿时吓出一身冷汗："大学士高拱揽权擅政，威服自专，朝廷诸事不许皇帝主管，我母子日夜惊惧。便令其回原籍居住，不许停留。"

高拱的政治生涯就这样结束了，回到家乡后，他不再关心国事，埋首著书。但和他有隙的大臣却不想放过他，和冯保一起诬他以重罪，幸好被张居正制止，高拱这才捡回条命。经过此事，高拱大病一场，没多久就去世了。

曾国藩不邀功

在现实当中，很多人取得一点功劳就自大、自负，甚至不把别人放在眼里，这样的话，只会显得自己更加渺小。

曾国藩和左宗棠均为清朝后期的封疆大吏。曾国藩是晚清大儒，被誉为帝制时代儒家最后一位精神领袖。太平天国运动时期，曾国藩在湖南招募乡勇，训练出一支战斗力强悍的军队，称为"湘军"。在平定太平天国运动的过程中，曾国藩立下赫赫战功，获得清廷的赏识，后来官至两江总督、直隶总督、武英殿大学士，封一等毅勇侯。而左宗棠年轻时怀才不遇，他曾先后三次参加会试，但是都没有考中。左宗棠科场失意，干脆放弃科举，回乡教书去了。尽管如此，由于他才名远播，一些有眼光的地方大员对他却也十分赏识，都愿意和他结

交。两江总督陶澍听说左宗棠的大名，就请他到自己府中，让

他教导自己的独子，并给儿子定下娃娃亲，从此和左宗棠结为

亲家。后来，左宗棠又来到湖南巡抚张亮基的府中做幕僚。骆

秉章继任为湖南巡抚后，继续重用左宗棠，甚至到了言听计从

的地步。

在骆府之中，曾国藩第一次见到左宗棠。那是咸丰二年，

正是清军与太平军作战最艰苦的岁月。左宗棠以其经世致用之

才，为湖南战事做出不少贡献。有人也曾向曾国藩推荐过左宗

棠。曾国藩常年带兵，手底下有很多人才，但是独对左宗棠态

度谨慎，迟迟不肯将他招致麾下。这可能是曾国藩有识人之

明，一早就知道他们之间性格不合。

在但是，曾国藩并没有忘记左宗棠。咸丰四年，曾国藩打

算推荐左宗棠做知府。不过左宗棠嫌知府的官儿太小，拒绝

了曾国藩的一番好意。他后来给朋友写信说："……惟督抚握

一省之权，殊可展布，此又非一蹴而能得者。以蓝顶尊武侯而夺其纶巾，以花翎尊武侯而褫其羽扇，既不当武侯之意，而令此武侯为世讪笑，进退均无所可。……若真以蓝顶加于纶巾之上者，吾当披发入山，誓不复出矣！"意思是说：像我这样的人，才能足以比拟诸葛孔明，只怕当这个知府会辱没了武侯的名声，现在只拿一个蓝顶子加到我的纶巾之上，还不如到山中隐居，不再出仕了呢。

直到咸丰十年，曾国藩为形势所逼，终于让左宗棠到自己麾下效力。曾国藩用人有一个原则，那就是"疑人不用，用人不疑"，一旦起用左宗棠就放手让他大干一场。左宗棠也没有辜负曾国藩的信任，在攻打浙江的时候，左宗棠很快攻下了杭州。曾国藩就向朝廷举荐，让他做了浙江巡抚。

左宗棠主掌一省军政大权，而此时太平天国也气数已尽。不久，天京（南京）被攻克了。在这本该举杯同庆的时刻，曾、左二人的交情却走到了尽头。事情起因于洪秀全的幼子洪天贵的下落。天京被攻克以后，曾国藩向朝廷报告说洪幼主已死，而左宗棠却报告说洪幼主没有死，而是逃跑了。两人在朝廷之中打起了笔墨官司。曾国藩曾说，他最恼恨左宗棠影射他撒谎，他一生最看重"诚信"二字，怎么会在皇帝面前撒谎？左宗棠却也不依不饶，说这件事自己有错，但是只占二三分，曾国藩的错则占了七八分，说曾国藩太小心眼了。

不过，曾国藩的涵养要比左宗棠深厚得多，他绝不会因为私怨而耽误国家大事。左宗棠出兵平定新疆，曾国藩给予大力支持。

曾国藩心胸宽阔，左宗棠则颇为自负，对于这一点，就连左宗棠身边的人也能发现到了。有一次，左宗棠问身旁的侍卫道："为什么人们都称'曾左'而不称'左曾'？"

一名侍卫回答说："曾公眼中常有左公，而左公眼中则无

曾公。"侍卫的回答虽然简单，但是点出了左宗棠自傲自负的

缺点，左宗棠听后，沉思良久，终于意识到，自己的心胸确实

没有曾国藩宽广。

朱元璋治理灾祸

明朝初年，天下初定，百废待兴，天灾频仍，民生多艰。朱元璋吸取元亡的教训，他宵衣旰食，励精图治，采取与民休息的政策，终于使社会经济恢复过来，人民的生活也趋于安定。

朱元璋在治理天下的时候，也并非一帆风顺。洪武元年（1368），京城南京发生大火，全国各地也发生了旱灾和水灾。第二年，又相继发生雹灾、地震等自然灾害。据《明太祖实录》记载，朱元璋在位的三十一年间，水灾、旱灾、蝗灾、雹灾、地震、瘟疫等就有三百余起，几乎无年不灾，无处不灾。

面对频繁的灾难，朱元璋是如何应对的呢？首先，朱元璋做到了"忧危积心"。朱元璋出身寒微，年少时曾在四方乞讨，深谙民间疾苦。他曾经说过：天下本是一家，百姓更是犹如一个整体，如果百姓衣食没有着落，那就应当考虑扶助他们。当初我在民间，亲眼见到百姓所受的疾苦。鳏寡孤独、饥寒困踣之徒经常会产生不想活下去的想法，恨不得马上就去死。我在乱离之中见到这种情况，心里常常会感到悲伤。"朱元璋向官员灌输居安思危的观念。

朱元璋统治时期，各种灾害频繁发生，他经常反躬自问：我听说尧、舜、禹、汤、文、武等君主，德行足以匹配天地，仁德足以谐和民心……我的德行浅薄，不能任用贤人，励精图治，辜负了百姓的期望，所以上天对我作了惩戒，降下各种灾祸。我一辈子都要兢兢业业，不能让自己闲暇起来。"作为帝王，只有具备了这种忧患意识，才能体恤民众，关心民众疾苦。

同时，明太祖也深刻地认识到，国家的安危治乱，关键在于统治者能否时刻保持谨慎的头脑。面对灾害，朱元璋除了时刻自我反省以外，还反复向官员灌输责任观念，希望他们能居安思危、励精图治。他常告诫臣僚说："水旱之灾，虽然是上天降下来的灾祸，但是做父母官的也要承担责任。"君臣要成为一个整体，时刻保持警惕，众位卿家一定要尽心尽力地辅助我治理天下啊！"即使到了晚年，朱元璋仍旧感叹说："我治理天下越久，内心就更加戒惧，惟恐治国之心有所懈怠。懈怠之心一旦产生，那么天下之事都会废弛，百姓的生活就会困苦不堪。"

　　这些言论充分表明，频繁的天灾不仅加重了朱元璋的"忧危"心理，也强化了他的忧患意识，更坚定了他为国致治的愿望和为民负责的决心。

　　朱元璋主张"藏富于民"。明朝建立以后，朱元璋以史为鉴，深知国富民穷并非国家长久之道，只有百姓富足，国家才能长治久安。他说："保国之道，在于藏富于民。百姓富足，国家才能长久；百姓贫穷，国家就会败亡。百姓的贫富，关乎国家的生死存亡。"又说："大抵百姓足而后国富，百姓逸而后国安，未有民困穷而国独富安者。"洪武年间，朝廷上下提倡屯田，鼓励垦荒，奖励农桑，降低商税，减免赋役，务求富民实效。

明朝以前，很多朝代在救灾济贫问题上，通常采取的是消极应对的方式。朱元璋统治时期，荒政则受到朝廷高度重视。朱元璋曾言："君王扶养万民，就像保护自己的赤子，要经常考虑到他们的饥寒，而且还要为他们提供衣食。"明太祖除了

为百姓提供衣食，还拨付救灾济贫款项。朱元璋采取的这些措施，不但增强了政府的凝聚力，而且还赢得了民心。

再次，朱元璋又大力整顿吏治。一般来说，天灾背后通常暗藏着人祸，朱元璋也深谙这个道理。他从元亡明兴的历史经

验中总结出，要想治理好国家，必须整顿吏治。如果不整顿吏治，官吏就不会体恤民众，就会变得贪财好色，过度纵酒，而导致政事荒废。即使知道百姓有疾苦，也会无动于衷，甚至做出危害民众的行为。所以，在整顿吏治的问题上，朱元璋用尽了各种方法。其中，严惩救灾失职或救灾不力的官吏是明太祖藉以致治的又一重要举措。

过去，因天灾而检讨，多为历朝官样文章，表表"态"、做做"秀"罢了。而朱元璋此举，则是真切务实，意在整顿吏治、培养官员恤民勤政之风。

在朱元璋大力倡导和整顿下，可谓是官场大振、官风大正，不仅吏治得以整肃，各级政府也日趋高效，救灾恤民成为朝廷及各级官员之急务，灾难破坏也就能够降低到最低限度，从而呈现出初步大治的良好局面。

商汤宽以待民终灭夏

老子说："执大道，天下往。"掌握大道的人，天下就会

向他归顺；反之，违反大道的人，必定被上天所厌弃。商汤灭

夏的故事可以很好地说明这个道理。

夏桀是历史上著名的暴君。他不修国政，骄侈淫逸，滥杀

无辜，残暴不仁。在其统治时期，多次举兵讨伐周围小国，使

原本臣服于夏的诸小国都背离了夏朝。夏桀为了加强对周围诸

国的控制，曾举夏桀征伐有施氏，得到了美女妹喜。

兵讨伐有施氏，有施氏自知抵御不过，为避免灭亡，便选

了一名叫妹喜的绝色美女，献给夏桀。夏桀看到这位倾国倾城

的美女后，就罢兵而归，终日与妹喜厮守在一起，寸步不离，

从此不再理政。

为了讨好妹喜，夏桀在国内大征民夫，特意为妹喜修建了一座宫殿，因此宫高大无比，看上去就像要倾倒下来，所以叫"倾宫"，宫中有琼室、瑶殿，象牙嵌的走廊，白玉雕的床榻。夏桀整日和妹喜在宫中寻欢作乐，荒淫到了极点。

夏桀别出心裁，在倾宫的边上挖了一条河，河里全部注满了酒，他把这条河叫作"酒池"，在酒池旁边还垒了一座完全用肉堆积而成的山，称为"肉林"。

夏桀的荒淫无度，让忠臣贤士寒心，老百姓怨声载道。夏桀手下有个叫关龙逄的臣子，听到老百姓的愤怒声音，觉得大势不妙，便向夏桀进谏说："天子谦恭而讲究信义，节俭又爱护贤才，天下才能安定，王朝才能稳固。如今陛下奢侈无度，嗜杀成性，弄得百姓都盼望您早些灭亡。陛下已经失去了民心，只有赶快改正过错，才能挽回人心。"然而，夏桀不但不听关龙逄的劝告，还下令将其杀死。夏桀认为自己的统治永远不会灭亡。他说："天上有太阳，正像我有百姓一样，太阳会灭亡吗？太阳灭亡，我才会灭亡。"老百姓恨死他了，咒骂他说："你这个太阳啊，什么时候灭亡？我们愿意与你同归于尽！"夏桀还重用佞臣，排斥忠良。有个名叫赵梁的小人，专门投夏桀之所好，还教其如何享乐，如何勒索、残害百姓，得到了夏桀的宠信。

天下百姓对夏桀的统治深恶痛绝，没有人再愿意为夏桀这样的荒淫暴君卖命出力，夏统治集团内部也分崩离析，矛盾重重。正当夏朝日渐衰弱时，在黄河下游，有一个诸侯国渐渐强大起来了，这就是商。商的国王叫汤，汤据说是帝喾后代契的子孙，为商部落首领。汤非常贤良，他以仁义治国，以礼貌待人，百姓都说遇到了一个明君，周围的诸侯也夏桀耽于美色，终日与妺喜寻欢作乐。

商汤礼贤下士，得到了贤人仲虺和伊尹的辅佐。汤首先治

理好内部，鼓励商国的人民从事农耕，饲养牲蓄。同时团结与

商友善的诸侯、方国。汤经常率领仲虺和伊尹出外巡视四周。

商汤采取"宽以待民"的政治策略，以笼络民心，扩大自

己的影响力，遇到哪个方国有灾有难，就主动救济，归顺商国

的诸侯很快就增加到四十个，商汤的势力也愈来愈大。此外，

汤积极网罗人才，收集有关夏桀政权的情报信息，为灭掉夏朝

积极作准备。

而桀却越来越骄奢淫逸，统治也越来越腐朽，民心尽失。

汤于是决心讨伐夏桀。在讨伐桀之前，伊尹给汤献上一计，叫

汤不要向夏进贡，看看桀会作何反应。这一年汤没有像往年一

样，向夏进贡大量的物品，桀知道此事后，以为汤要造反，马

上派大兵攻打汤，但是却没能得到诸侯的响应。

汤见桀已完全陷于孤立，立即动员自己的所有力量讨伐

桀。出兵前，汤举行了誓师大会，并作了一篇《汤誓》，在大

会上宣读，汤说："众兵士，我率你们去攻打夏桀，我不是发动叛乱，而是因为夏桀犯下的罪太多了，现在上天命令我去惩罚他啊！"

汤在伊尹的辅助下，先攻灭了夏桀的党羽韦国、顾国，击败了昆吾国，然后直逼夏的重镇鸣条（今山西省安邑县西）。夏桀得到消息，带兵赶到鸣条。两军交战，夏桀登上附近的小山顶观战。忽然天降大雨，夏桀又急忙从山顶奔下避雨。夏军将士原来就不愿为夏桀卖命，此时，也乘机纷纷逃散。夏桀制止不住，只得仓皇逃入城内。商军在后紧追，夏桀不敢久留，匆忙带着妹喜和珍宝，登上一艘小船，渡江逃到南巢（今安徽省巢县）。后被汤追上俘获。

这时，夏桀还不知悔悟，他狠狠地说："真后悔啊，当时没有把汤杀死在夏台监狱里！"汤将夏桀和妹喜放逐在卧牛山，夏桀养尊处优惯了，在这荒僻山乡，无人服侍，自己又不会劳动，不久就被活活饿死了。

汤在消灭了夏桀，推翻了夏朝统治之后，定都于亳，建立了商王朝。

康熙收服王辅臣

王辅臣是山西大同人，他早年从事抗清事业，后来投降了阿济格，没入辛者库为奴。顺治帝亲政后，下令由王辅臣监临洪承畴部，后来洪承畴保举王做总兵官。王辅臣深受顺治帝的信任，平西王吴三桂对他极力笼络，让他跟随自己远征缅甸，俘获南明永历帝。康熙即位后，任命王辅臣为陕西提督，让他镇守平凉。

平凉是当时的战略要地，关系到京城的安危，王辅臣去平凉之前，特地拜谒康熙，康熙嘱咐他道："朕很想把你留在京城，这样我们便可以朝夕相见。但是平凉是边陲要地，非得仰赖你才能守得住啊！"康熙又特例让王辅臣在京城过完元宵节，还亲自邀他一起看花灯。

不久，吴三桂在云南起兵谋反，吴曾写信给王辅臣，请他出任总管大将军。此时，王辅臣和大将军张勇正在陕西统领军务，王辅臣没有通知张勇，就让儿子王继贞把吴三桂的招降书呈递给了康熙，康熙看到信件后，知道王辅臣忠心耿耿，因此十分高兴，封王继贞为太仆卿。张勇的军功本来在王辅臣之上，但是自己没有得到皇帝的封赏，心里很不痛快，就此和王辅臣心生嫌隙。就在这时，四川提督郑蛟麟投靠了吴三桂，康熙帝为挽救局势，立即派遣大臣莫洛出京，让他负责管理经略事宜。王辅臣之前和莫洛有过节，而此时莫洛掌握了山西、陕西的兵马，所以就处处掣肘王辅臣。

康熙十三年十二月，王辅臣追随莫洛向四川进军，与吴三桂叛军作战。这时，吴三桂攻打广元，王辅臣要求增兵，但莫洛没有及时增援，王辅臣愈加不满。恰好此时莫洛率绿营兵至宁羌。王辅臣见莫洛兵力单薄，便于十二月初四日突袭莫洛，举兵造反，莫洛被乱军杀死。

率部谋反后，王辅臣以位处陕甘要冲的平凉为根据地，北控宁夏，南接巴蜀，东拒清军。随后又攻克庆阳、平凉各州。当时，吴三桂已封王辅臣为平远大将军、陕西东路总管，并助饷银二十万两，还令王屏藩、吴之茂率部北进，援助王辅臣攻取整个陇右。

消息传出后，朝野震惊，康熙立刻召见在京的王继贞。王继贞刚走上大殿，康熙就说道："你父亲造反了！"王继贞一听，大惊失色，吓得差点瘫倒在地，他哆哆嗦嗦地说道："启禀皇上，我一点儿也不清楚啊！"康熙心里明白，王辅臣一反，京师随时都有被攻克的危险，现在再追究王辅臣杀死莫洛的罪责，已经没有什么意义了。他只期望着王辅臣能够回心转意，因此决定采用怀柔的策略，他安抚王继贞说："你不必担心，朕知道你父亲一向忠心耿耿，这次一定是莫洛的错，所以你父亲才不得不造反。你现在火速前往陕西，宣布朕的命令，赦免你父亲的罪责。"王辅臣接到赦免的诏书后，心里非常感激，内心也颇不平静，他想到康熙对自己恩重如山，于是率领属下向北跪倒，痛哭流涕。王辅臣复降清军。

但是，王辅臣担心康熙迟早会追究他杀死莫洛的罪责，因此没有接受朝廷的招降。但是他终究念着康熙的恩情，因此一直驻守在平凉，既不南下与已经攻占湖南的吴三桂会合，也不到四川与王屏藩联手。

后来，清军逐渐掌握了战争的主动权，取得了一系列胜利，"三藩之乱"很快就要被平息了。

康熙仍想招降王辅臣，于是在康熙十四年七月给王辅臣下了一道招降敕谕。王辅臣心里还有顾虑，因此不敢贸然归降。

康熙十五年二月，图海正式被任命为抚远大将军，康熙亲自在太和殿授他印信。图海号令全军说："仁义之师，先招抚，后攻伐。今奉天威讨叛竖，无虑不克。顾城中生灵数十万，覆巢之下，杀戮必多。当体圣主好生之德，俟其向化。"意思是说：我们是仁义之师，尽管攻无不克，但是又担心生灵涂炭，所以期盼叛军能够归降清朝。五月初，图海攻克虎山墩，逼近平凉。王辅臣处境险恶。五日，图海抵平凉，他坚持执行康熙用恩招抚的策略，围而不攻，围而不战，攻心为上，劝诱其降。在康熙真心的感召下，次日，王辅臣终于宣布投降。

康熙用恩收服王辅臣，不仅解除了其对京师的巨大威胁，而且剪除了吴三桂在陕西的羽翼，使吴三桂失去了一个有力的臂膀，顿时扭转了整个西北战局。

萧规曹随

汉惠帝二年七月，丞相萧何病死。吕后、惠帝遵照汉高祖

的遗嘱，将齐国国相曹参召入朝中，让他接替萧何出任丞相。

曹参奉诏入朝，吕后、惠帝授予他相印，让他做了丞相。曹参

入主相府后，朝臣们都私下里议论，说萧何、曹参二人，早年

一起追随刘邦起兵，又均为沛县人，关系原本十分要好，后来

曹参战功卓著，封赏反而没有萧何的多，两人于是有了隔阂。

现在曹参做了丞相，一定会对人事作大调整。为此，各级官员

都慌张起来，他们担心自己的前程会毁掉。哪知曹参入主相府

几日，什么事情都没有做，而且还贴出文告，表示一切政务、

用人都依照前任丞相旧章办事。官吏们这才安下心来，像往常

那样处理政务。

几个月过后，曹参渐渐对僚属有了大体了解，于是把那些说话雕琢、严酷苛刻、想竭力追求名声的官吏，全部罢免掉。同时，曹参又选拔各郡国中那些年老忠厚、口才迟钝的文官，填补以上的空缺。然后曹参就闭门不出，日夜饮酒，不理政事。卿大夫以下的官吏和宾客见到曹参不处理政事，便纷纷入见曹参，都想找他好好谈一谈。可是等他们一来，曹参就取出醇厚的酒给他们喝，官员们刚想趁机进言，又被曹参灌酒，喝醉以后才离开，始终不能进言。自此以后，曹参的手下也不再询问曹参缘由了，都纷纷仿效起来。相国官邸的后园靠近官员的住处，官员每天饮酒唱歌呼喊，声音传到了很远的地方。曹

参明知，却装聋作哑，不加理睬。曹参的随从侍吏厌恶他们，但是又不能得罪他们，众官员请求曹参处理朝政，却被留在府中痛饮。

只好把曹参请到园中游玩，听见官员酒醉唱歌呼喊，随

从侍吏都希望曹参能制止他们，然而曹参非但没有制止，反而

取酒设座，跟他们彼此呼应唱和。侍吏见此情景，感到莫名其

妙，也不好再问。

　　曹参不但不去禁酒，就是属下犯了小过错，也往往代为遮

掩。属吏们感恩戴德，都不敢轻易犯错，所以相府中没有发生

什么大事。不过，朝中大臣却对曹参的行为感到不解，有些人

还时常把这些情况报告给汉惠帝。此时，惠帝刚刚即位，他听

说曹参日夜不停地请人喝酒聊天，好像根本就不把国家大事放

在心上，还以为是曹参嫌他太年轻了，有些看不起他，所以有

些着急，希望曹参能竭尽全力辅佐自己。

　　曹参的儿子曹窋在朝中担任中大夫，有一天，惠帝对他

说道："你休假回家的时候，碰到机会就顺便问问你父亲，

你就说：'高祖刚去世不久，现在的皇上又年轻，还没有

处理政事的经验，正要丞相尽心尽力辅佐，共同处理国家大

事。可是现在您身为丞相，却整天与人纵饮闲聊，一不向皇帝请示报告政务，二不过问朝廷大事，要是长此以往下去，您怎么能治理好国家和安抚百姓呀？'你问完后，看你父亲如何回答，回来后你告诉我一声。不过你千万不要说是我让你去问他的。"曹窋领了惠帝的旨意，回家后找了个机会，一边侍候曹参，一边按照皇帝的旨意跟曹参闲谈，并向曹参规劝了一番。曹参一听到儿子的话，不禁勃然大怒，大骂曹窋道："你小子懂什么朝政，这些事是该你说的还是该你管的呢？你还是赶快回朝侍奉皇上吧！"他一边骂一边拿起板子把儿子狠狠地打了一顿。

　　曹窋遭到父亲的打骂后，垂头丧气地回到宫中，向汉惠帝大诉委屈，并把挨打的过程一五一十地告诉了惠帝。惠帝听了更加觉得莫名其妙了，不知道曹参为什么发这么大的火。

第二天，早朝散了之后，汉惠帝把曹参留下，责备他道："丞相为什么要责打曹窋呢？他对你说的那些话是我的意思啊，也是我让他去规劝你的。"曹参听了惠帝的话后，立即摘下帽子，跪在地上不断叩头谢罪。汉惠帝赦他无罪，又对他说道："丞相您有什么想法，就直接对我说吧！"曹参于是向惠帝问道："请陛下好好地想想，您跟先帝相比，谁更贤明英武呢？"惠帝回答说："我怎么敢和先帝相提并论呢？"曹参又问："依陛下的看法，我的德才跟萧何相国相比，谁更强一些呢？"汉惠帝笑着说："我看你好像是比不上萧相国。"

曹参接过惠帝的话说道："陛下说得非常正确。既然您的才能比不上先帝，我的德才又不如萧相国，那么先帝与萧相国在统一天下以后，陆续制定了许多明确而又完备的法令，在施行的过程中又都取得了很大成效，难道我们还能制定出超过他们的法令规章来吗？"接下来，曹参又诚恳地对惠帝说道：

"现在陛下是继承守业，而不是在创业，所以，我们这些做大臣的，就更应当遵守先帝遗愿，谨慎行事，恪守职责。对已经制定并执行过的法令规章，就更不应该任意改动，而只能遵照执行了。我现在这样依照先帝的遗愿办事不是很好吗？"汉惠帝听了曹参的解释后，十分欣慰地说道："我终于明白了，丞相不必再说了！"

曹参当政三年，极力主张清静无为不扰民，遵照萧何制定好的法规治理国家，整个西汉王朝社会稳定，百业兴旺。曹参死后，百姓们编了一首歌谣称颂他："萧何定法律，明白又整齐；曹参接任后，遵守不偏离。施政贵清静，百姓心欢喜。"历史上称这段史实为"萧规曹随"。

宋真宗与"咸平之治"

宋咸平年间，真宗君臣禀行无为而治、与民休息的治国理

念，使整个国家出现了经济繁荣、政权巩固、百姓安居乐业的

局面，这与老子所主张的"无为而无不为"的理念相合一契。

宋真宗即位后，继续推行太宗晚年以来的无为之治。他先

后提拔了李沆、吕蒙正、夏侯峤、杨砺等人担任宰相和执政大

臣，并保留了张齐贤、吕端等前朝能臣。这些人忠于职守，真

宗与他们上下同心，开创了继唐代"开元盛世"以来的又一个

盛世。

宋真宗所采取的措施主要体现在减免赋税、改革财政、劝

课农桑、平抑粮价及改革司法等方面。

咸平元年，时任度支判官的毋宾古对大臣王钦若说："各

地种田的人，拖欠了大量未缴的田赋，有的已拖了十几年甚至几十年。年积一年，日久天长，老百姓根本没有能力偿还。可是因为账上挂着，基层官员就年年下去催要，并且借机勒索，这都成了一个重大社会问题。"王钦若把这个问题反映给了宋真宗。真宗听后觉得很有道理，立即下令进行改革。

真宗于当年四月十六日下令，凡往年拖欠之田赋一律免除。而因为欠税被抓进监狱的人，也一律释放。并且让各地认真核查落实，最后统计结果，共免除各地赋税一千万贯，共释放在押因犯三千余人。

咸平四年，宋真宗亲自审问因拖欠官府钱财而被捕入狱的人，一连审了七天，共释放两千六百余人，免除债务达二百六十万贯。并让有关官吏重新审察拖欠政府钱物的档案，凡有冤屈的就重新处理。后来，真宗又多次下诏要求免除或减免各地赋税，用以赈灾和其他用途。如咸平四年闰月十八日，河北发生饥荒，真宗宣布减免赋役，并发放粮食以赈灾。

另外，真宗还下令减少服徭役的人数。恢复死刑复核制度，释放大批宫女等。

通过施行这些措施，真宗树立起了"仁义天子"的形象。

咸平四年九月，真宗到北郊"观稼"，沿途百姓看到真宗的车驾，竟然自发围上去大呼"万岁"。这让真宗很满意，他对身边的大臣吕蒙正说：假使能选将练兵，战胜辽夏，使边疆百姓也和他们一样，过上安定日子，我就心满意足了。"

财政方面，中央设置三司使，推广"和予买"制度。和予买是当时一些地方官员想出来的办法，就是农民春季资金短缺时，政府先付给农民一定的资金，然后农民在夏秋两季用布和绢来偿还政府。这样农民既可以获得生产所需要的资金，政府也可以买到廉价的物品。

劝课农桑。宋真宗本人对农业十分重视。在景德三年，下诏要求各级地方长官的官衔上一律加上"劝农使"或者"劝农"等字样，鼓励农民努力务农。又作《景德农田敕》这部农业法规，以此来规范农业生产和各种事项，并在后面很长一段时间内沿用。同时，大量印刷各种农业书籍分发给各级地方官，让他们认识农事，并大力推广高产作物占城稻。

平抑粮价。宋真宗下令在全国推广"常平仓"制度，常平仓起源于战国李悝的平籴法，有储粮备荒和稳定物价的功能。真宗时政府规定：每年夏天由地方政府依照本地人口垫资购粮，以每户一石计，设仓储存，一旦遇到粮食价格上涨就减价卖给平民，达到平抑粮价的效果。另外设有专人管理，出陈入新，防止粮食腐烂。常平仓制度对于灾年帮助平民渡过难关、稳定社会起到重要作用。

司法方面，严令禁止严刑逼供，废除了很多酷刑（如断截手足、钩背烙身等），并在京师成立纠察刑狱司，地方设立提点刑狱司，建立了司法复核制度，允许当事人上诉。

宋真宗通过施行以上措施，北宋社会呈现出政治安定，百姓富足的局面，历史上称这段历史为"咸平之治"。

郦食其为争功名而被杀

公元前203年，楚汉之争正处于紧要关头，齐国作为第三方势力，逐渐成为楚、汉双方拉拢的对象。刘邦的谋士郦食其深刻地知道这一点，于是他向刘邦请命，要求到齐国去说服齐王归顺刘邦。这时，刘邦已经下令韩信进攻齐国了，但是郦食其不肯失去这次建功立业的机会，坚持要去齐国劝降。刘邦最终答应了郦食其的请求。

郦食其日夜兼程地来到齐国，然后见到齐王说："您知道天下人心的归向吗？"齐王回答说："我不知道。"郦食其说：如果您知道了天下人心的归向，那么齐国就可以保全下来；否则的话，齐国就不能保全了。"

齐王有些担忧，就向郦食其问道："天下人心究竟归向谁

呢？"郦食其从容地回答道："归向汉王。"齐王又问："为

什么这么说呢？"郦食其回答说："项王既有背弃盟约的坏名

声，又有杀死义帝的不义行为；他从不记挂着别人的功劳，却

对别人的过错从来都记着；将士们立了战功得不到奖赏，攻下

城池也得不到封爵；只要不是他们项家的人，没有谁能够得到

重用；对应当赏赐给有功之人的侯印，项王把它拿在手中反复

把玩，不愿意授给别人；攻城所得的财物，他宁可堆积起来，

也不愿赏赐给大家；所以全天下的人都背叛他，有才能的人

也怨恨他，没有人愿意为他效力。正因为如此，天下的才能之

士都投靠了汉王，汉王安坐在营帐里就可以驱使他们。如今汉

王已经获得了敖仓的粮食，阻塞了成皋的险要，守住了白马渡

口，堵塞了大行要道，扼守住了蜚狐关口，天下诸侯谁要是想

最后投降，那么汉王就先将其灭掉。所以，大王您要是赶快投

降汉王，那么齐国的社稷还能保全下来；如果不及时投降汉王

的话，那么齐国灭亡就要成为现实了。"齐王田广听了郦食其的话，认为他说得很有道理，便答应了下来。

这时，韩信刚刚平定了赵、燕二国，正准备着向东攻打齐国。韩信大军抵达平原渡的时候，韩信接到探马来报，说汉王派了郦食其到了齐国，已经成功说服齐王田广归顺了汉朝。韩信得到消息后，心想郦食其既然已经说服了齐王，那么自己就不必攻打齐国了，而是应该率领军队返回去，帮助汉王攻打楚国。想到这里，韩信便下令在原地扎营，准备择日回朝。

数日后，韩信升帐与属下商议回朝一事，向众人说明了原因，正想下令撤军而还。这个时候，谋士蒯通站了出来，他劝阻韩信道：不可！不可！"韩信不解，忙向他问道："齐王已经归顺了汉王，我现在改道而还，先生为什么说不可以呢？"

蒯通回答说："将军奉了汉王之命讨伐齐国，久经周折，如今才来到齐国边境。现在汉王派了郦食其出使齐国，探子回报说郦生已经说服了齐王，这件事是否属实，尚有疑问。况且汉王还没有颁下明令制止将军的伐齐行动，怎能仅凭探子的一句回报，就仓猝下令停止进攻齐国呢？再者说来，郦食其乃是一介儒生，他如果凭着三寸不烂之舌，就能攻下齐国七十余城，而将军率领数万甲兵，转战一年多，才攻下赵国五十余座

城池。将军试想一下，您为将多年，反不如一介儒生的功劳，难道不感到羞愧吗？所以，我为将军考虑，您不如趁着齐军没有防备，率领军队长驱直入，扫平齐国。这样的话，平定齐国的功劳才能归于将军啊。"韩信听了蒯通的话，深思了片刻，觉得他说得很有道理。但又一想，如果发兵攻打齐国，

那岂不是害了郦食其？于是当即对蒯通说道："您的话虽有道理，但是我如果这样做了，齐国势必会杀害郦生，这样做不可以啊！"蒯通听后，笑着说道："我知道将军不忍心害死郦食其，但据我所知，郦食其是自荐说齐的，他明知将军正在率军

攻打齐国，却还要这样做，这岂不是他先负了将军吗？"韩信听到这里，勃然大怒，立刻站起身来，下令调动人马，过了平原渡，直逼历下。齐军毫无防备，结果被杀得大败。而韩信又乘胜追击，斩杀了齐将田解，生擒了华无伤，继而一路高歌猛进，直至临淄城下。

齐王田广本来已经答应郦食其，同意归顺汉王，这时他忽闻汉军杀到，不由得大惊失色，于是急忙将郦食其召来，当面训斥他道：我听信了你的话，本来以为可以避免刀兵之祸，没想到你心怀鬼胎，假装骗我归顺汉王，暗地里却让韩信率领大军攻打齐国，致使齐国沦丧，你当真是罪不可赦啊！"

郦食其也慌张起来，对齐王说道："韩信发兵，那是因为他不知道齐国的实际情况，希望大王立刻派遣一名使臣，一同随我去面见韩信，我一定能让他退兵，撤出齐境的。"齐相田横在旁插言道："到那个时候，你一定会逃之夭夭，我们怎能

再受你欺骗呢！"说着，不容郦食其再行辩解，下令将他扔到

油鼎之中，烹杀而死。

　　韩信听到郦食其被杀的消息，心里感到不安，立即下令攻

城。数日之后，攻破了临淄城。齐王田广、齐相田横只得弃城

出逃，并派出使者向楚王项羽求救。

方腊反抗北宋统治

1101年，北宋皇帝哲宗去世。哲宗没有留下子嗣，死后由他的弟弟赵佶继承帝位，即宋徽宗。徽宗即位后，专好享乐，对朝中的政事没有一点兴趣。徽宗酷爱笔墨、丹青等，但是他生活奢侈，大兴土木，在开封东北角修建万岁山，后来改名为艮岳。艮岳方圆十余里，其中有芙蓉池、慈溪等胜地。里面亭台楼阁、飞禽走兽应有尽有。此外，徽宗还在苏州设立应奉局，专门在东南搜刮奇石，称为"花石纲"，导致民怨沸腾。

徽宗不理朝政，把所有政事都交给以蔡京为首的"六贼"（蔡京、王黼、童贯、梁师成、朱勔、李邦彦）来处理。蔡京等人以恢复新法为名，大兴党禁，排斥异己，很多正直的大臣因此被排斥出朝廷。在徽宗、蔡京等人黑暗、腐朽的统治之下，社会经济遭到严重破坏，国库亏空，朝廷于是增加农民的赋税，老百姓的负担更加沉重了。宋徽宗还以征辽为名，征调农民到边地服徭役。与此同时，许多豪绅和官员兼并土地，农民失去土地后，破家荡产，无法生活，只好铤而走险，反抗黑暗统治。

1120年，终于爆发了方腊领导的农民起义。方腊，又名方十三，歙州（今安徽歙县）人。家境贫苦，性情豪爽，后来到睦州青溪万年乡，在地主方有常家做佣工。方有常在万年乡拥有大量土地，又充当里正，称霸乡里。

方腊所在的两浙地区是北宋经济最为发达的地区。宋朝大量的财赋收入，都来自这里。宋徽宗时，蔡京、童贯、朱勔等在苏杭设置应奉局、造作局，对江南百姓大肆搜括，运送花石纲，并向民间勒索漆楮竹木等副业产品。1120年，时值浙西大旱，好几个月都不见有雨，禾苗焦黄，秋收无望，而官吏却逼

411

税很紧。方腊身为佣工，更痛感这种剥削压迫之苦，因而对宋王朝的反动统治怀有刻骨仇恨，遂起了反抗之心。十月，方腊在万年乡积极联络四方百姓，准备起义。他们的秘密活动被方有常发觉，后者便派二子方熊向县里告发。十月初九，方腊发现事情泄密，遂在洞源村杀死方有常一家，然后以帮源峒为据点，聚集贫苦百姓，发动起义。

方腊率众起义之后，决心彻底推翻宋朝的统治。他领导义军诛杀贪官污吏，并散尽资财分给沿途百姓，所以深受贫苦百姓的拥护，数日间便聚众十万。义军规模壮大后，方腊自号圣公，改元永乐，以巾饰为别。

义军巩固万年乡后，又攻占帮源一带，继而向西北方的青溪县发起进攻。这时，两浙路都监蔡遵、颜坦带领五千精兵前来讨伐方腊。十一月，方腊在息坑歼灭了官军。这是方腊义军取得的第一个大胜仗。此后，方腊又攻下睦州、歙州等地。

继而向杭州进发。十二月，义军占领杭州，义军的人数超过了百万。这时，各地百姓纷纷揭竿而起，响应方腊起义，如浙北有苏州石生和湖州陆行儿起义，浙东有剡县裘日新起义，浙南有仙居吕师囊起义，永嘉有俞道安起义，浙西有婺州霍成富起义，兰溪有灵山朱言、吴邦起义。与此同时，湖州、常州、秀州等地的农民，也都聚集起来，准备攻打州县。各地农民看到义军旗帜，听见鼓声，就立即跑出来迎接。起义军声威大震。

方腊等人发动起义后，宋王朝的经济命脉被切断了。宋徽宗十分震惊，他一面急忙下令撤销苏、杭造作局，停运花石纲；一方面又任命童贯为江、淮、荆、浙等路宣抚使，征调京畿的禁军和陕西六路蕃、汉兵十五万人，南下围剿义军。1121年，童贯分兵两路，向杭州和歙州进发。

在攻占杭州之后，方腊作出了分兵"尽下东南郡县"的决策，他派方七佛率领六万大军进攻秀州（今嘉兴），试图

413

向北夺取金陵，实现"划江而守"的计划。这时，童贯率领的十五万精兵已经赶到了秀州。方七佛久攻秀州不下，只好退回了杭州。

同时，方腊率领义军主力南征，相继占领了婺州、衢州等地。义军别部北上攻克宣州宁国县，进围广德军（今安徽广德）。在这一段时间里，起义军先后攻下六州五十多县，包括今天的浙江省全境，江苏、安徽南部，江西东北部的广大地区。

义军攻打秀州失利后，杭州失去了屏障。不久，童贯率领宋军到了杭州城下，把杭州城围得水泄不通。义军经过一番苦战，因粮尽援绝而被迫退出杭州。杭州失守以后，义军所面临的环境更加恶劣。宋朝的军队一路追击，义军并没有去部署防御，各支队伍之间不能相互支援，力量分散严重。

方腊带领义军退守到帮源峒一带。宋军得到消息后，立刻四处云集过来，对帮源峒实施层层包围。合围数日后，宋军发起总攻，义军奋起抵抗，城中将士有七万余人被杀害。方腊及其妻邵氏、子方亳、丞相方肥等三十余人被俘，解往汴京，最终被残酷杀害了。

方腊被害后，义军各部继续转战浙东各地。童贯派郭仲荀、刘光世、姚平仲等领兵分路镇压。

1122年，宋朝才彻底平息了方腊领导的农民起义。宋军所到之处，烧杀抢掠，无恶不作，义军和百姓大量被杀害，两浙经济也遭到严重破坏。

方腊起义最终失败了，但是这次起义打下六州五十二县，威震东南地区，从根本上动摇了宋朝的统治，宋朝的军事力量在平息起义的过程中也受到沉重打击。公元1127年，北方刚刚兴起的金国突然南下，攻破了宋都汴梁，掳走宋徽宗、宋钦宗及宗室、大臣、妃嫔三千多人，北宋宣告灭亡。

塞翁失马

在靠近长城一带居住的人中，有位性格开朗并擅长推测吉凶的老头。一天，老头的马无缘无故跟着胡人的马跑了，老人的家人都很愁苦，只有老头并没有因此事而不高兴，好像根本没有发生这件事一样。而附近的邻居听说这件事后，都纷纷前来老头的家里安慰他。但是，没想到老头却说道："说不定这件事是一件好事呢！"大家一听，都很不理解，只是觉得老人可能老糊涂了。没想到的是，过了几天，老头家的马又跑回来了，并且还带回来两匹胡人的品种更为优良的马。老头的家人因此感到很高兴，但老头却并没有因此事而流露出开心的表情，依旧像是什么事也没有发生似的。这次邻居们又听说了，于是前来祝贺老头一家。没想到老头又不阴不阳地说了句："这可能未必是件好事呢！"大家又同样把他当作了老糊涂。没想多过了一些天，老头的话又应验了，他儿子在骑着胡马去放牧时从马上摔了下来，并摔断了大腿，成了一个瘸子。人们听说这件事后，又一起来到老头家里探视并安慰。没想到的是，事情已经坏到这种份上，老头竟然仍然又说道："这件事可能是件好事呢！"这次老头的妻子看着自己的儿子成了残疾，都实在忍不住骂了老头。

几年之后，胡人大举侵犯边塞，于是，政府便在边塞征兵，所有的青壮年都被抓去做了壮丁，并因战事不利，十有八九都战死在了沙场。但是，老头的儿子因为腿瘸的缘故，便没有被抓去，因此保住了一命。显然，老头的话又应验了。

总体而言，塞翁失马的故事说明我们在看待事物的时候，便要保持一种更为宏阔与长远的目光，不要将目光局限在一个孤立的点上。这样，我们便会更加智慧，看问题看得更透彻。

郭德成保全性命

郭德成性格豁达，聪明机敏，且嗜酒如命。在元末动乱的

年代里，郭德成与兄长郭兴一起追随朱元璋南征北战，立下了

不少战功。朱元璋夺取天下后，原先追随他出生入死的将领纷

纷加官晋爵。郭德成仅仅做了骁骑舍人这样的小官，但是他从

未向朱元璋提出过升官的要求。

郭德成的妹妹宁妃，当时深得朱元璋的宠幸。朱元璋觉得

郭德成的功劳不小，却没能做大官，所以心里有些过意不去，

准备提拔郭德成。

一次，朱元璋召见郭德成，说道："你曾立下不少战

功，我让你做个大官吧。"郭德成听了后，连忙推辞说：

"感谢陛下对我的厚爱，但是我头脑不够清醒，整天不问政

事，只知道饮酒作乐，一旦做了大官，那不是害了国家又害了自己吗？"朱元璋知道他故意推辞，又让了他几次，但郭德成态度坚决，就不再坚持了。于是，朱元璋将大量美酒和钱财赏赐给郭德成，还经常邀请郭德成到皇宫里的后花园中饮酒。

一次，朱元璋又邀请郭德成到后花园饮酒，郭德成兴冲冲地赶到后花园；他看到花园内景色优美，闻到桌上美酒香味四溢，于是忍不住酒性大发，连声说道："好酒，好酒！"随即陪着朱元璋饮起酒来。

几杯酒下肚之后，郭德成脸色渐渐变红。但是他仍旧举杯痛饮，喝个不停。时间已经不早了，郭德成喝得烂醉如泥，踉踉跄跄走到朱元璋的面前，他躬下身子，低头向朱元璋辞谢，结结巴巴地说道："多谢皇上赏赐臣下饮酒！"朱元璋见他已经喝醉了，而且衣冠不整，就笑着说道："我看你头发纷乱，语无伦次，真像是一个醉鬼疯汉。"郭德成抓了几下自己的头发，脱口而出："启禀皇上，臣也非常痛恨这乱糟糟的头发，要是剃成光头，那样才好呢。"朱元璋听了这话，满脸涨得通红。朱元璋年少时因为家贫而出家做过和尚，这成了他一生中难以启齿的事情，所以非常痛恨有人揭他的短。他听到郭德成说到"光头"二字，心想："你这小子怎么如此大胆，竟敢侮辱我？他正要发怒，但是转眼又看见郭德成仍然傻乎乎地笑着，便静下心来仔细一想：也许这是郭德成酒后失言，不妨冷静观察一下，以后再治他的罪也不迟。"想到这里，朱元璋虽然心里不痛快，但还是高抬贵手，放郭德成回家去了。

郭德成回到家后，慢慢醒过酒来，他突然想到自己在皇帝面前失了言，所以心里非常恐惧，身上直冒冷汗。郭德成心想，朱元璋最忌讳的就是"光""僧"等字眼，但是自己怎么也没有想到，今天竟然这般糊涂，戳了皇上的痛处。

郭德成担心朱元璋因此而除掉自己，但是想了许久也没有什么好办法。郭德成曾想向朱元璋解释，但是转眼一想不行，那样势必会加重皇上的嫉恨；倘若不解释，自己已然铸成了大错，难道真的因为这件小事而赔上全家人的性命吗？

过了几天，郭德成仍旧像往常一样喝酒纵饮，就好像从来没有发生什么一样。又过了几天，郭德成进寺庙剃了光头，做起和尚来了。朱元璋听说后，就派人暗中监视，发现郭德成整日身披袈裟，诵经念佛。

朱元璋见郭德成做了和尚，心里的怨恨和疑虑全部打消了，他还向郭德成的妹妹宁妃赞叹说："德成真是个奇男子啊，我原本以为他说痛恨自己的头发是开玩笑的话，想不到真是个醉鬼和尚呀。"说完之后，随即大笑起来。

王翦装贪赢得秦王的信任

王翦是战国末年秦国的名将。他年少时就喜好军事，后来投奔了秦王嬴政。王翦带兵攻打赵国的阏与，大破赵军，攻下九座城邑。王翦率兵攻打赵国，一年多就攻下了赵国，赵王投降，秦国改赵为郡。第二年，燕国派荆轲到秦国刺杀秦王失败，事后，秦王派王翦攻打燕国。燕王喜逃到辽东，王翦就平定了燕国都城蓟而返回。不久，秦王派王翦之子王贲攻打楚国，楚兵战败。转过头来又进击魏国，魏王投降，于是平定了魏国。

公元前226年，秦王嬴政准备出兵讨伐楚国。在讨伐楚国之前，嬴政想听听几位大将的意见。

他第一个找到了李信。李信年轻力壮，曾带着几千名士兵

追逐燕太子丹到衍水，最后打败燕军捉到太子丹，秦始皇认为

李信贤能勇敢，便问他道："我打算攻打楚国，将军估算调用

多少人才够？""二十万就足够了。"李信回答道。秦王又问

老将王翦，王翦说："非得六十万人不可。"

　　听完王翦的话，嬴政认为王翦年老胆怯，于是任命李信

为主将，蒙恬为副将，率领二十万大军讨伐楚国。王翦的话

不被采用，就顺水推舟，推托有病，回到老家频阳养老了。

第二年，秦军开始攻打楚国。最初，李信和蒙恬均进展顺

利，二人分别在平与和寝邑大败楚军。这时，李信又趁势攻

下了鄢郢，继而向西前进，打算与蒙恬在城父会师。楚军知

道了李信的意图，便趁此跟踪李信的军队，三天三夜不停

息，终于击败了李信，李信损失两个军营和七个都尉，惨败

而回。

　　秦王听到这个消息，非常生气，后悔当初没有听王翦的

话，迫不得已，他只好亲自乘车奔往频阳，来到王翦的家，见到王翦道歉说："寡人没有听从将军的建议，李信果然使秦军蒙受了耻辱。现在听说楚军一天天向西逼进，将军虽然有病，难道忍心抛弃了我吗？"王翦回答道："老臣病弱疲乏，昏聩无能，希望大王另选良将。"

秦王知道王翦还在生自己的气，继续表示歉意，并不停地说："好啦，将军您就答应我吧。"

王翦不好再拒绝嬴政，只好答应了他的请求，说道："大王如果非要让我率兵打仗的话，非得拨给我六十万人不可。"

秦王一听王翦同意出山了，就答应他的要求，征集六十万大军，交给王翦指挥。王翦于是率领大军征伐楚国，而秦王为表诚意，亲自到灞上（今陕西西安市东）为他送别。

在出发之前，王翦请求秦王赐给他许多良田、美宅、园林、池苑等。秦王说：将军尽管上路好了，何必担忧家里日子不好过呢？"

王翦说："我跟随大王南征北战，即使有功劳，也得不到封侯。所以趁着大王亲近我的时候，就及时请求大王赐予园林池苑来给子孙后代置办产业。"秦王大笑，不以为然。

当军队到达武关（今陕西商洛西南）时，王翦又连着五次派使者向秦王索要良田美舍。副将蒙恬说："将军多次请求赐予田宅，未免太过分了吧。"

王翦私下偷偷地告诉他说："你不知道我请赏的原因。秦王性情粗暴而多疑。现在调集全国的武士专门委托给我，我不用多多请求赏赐田宅给子孙置办家产来表示效忠秦王的决心，难道反而让秦王平白无故地怀疑我吗？"

425

王翦通过请赏田宅的方式，终于去除了秦王的怀疑，这样一来，他就可以放开手脚指挥对楚国的战争了。

汉朝平定七国之乱

西汉时期，汉景帝平定吴楚"七国之乱"，而致吴王刘濞身死国灭的故事，就是一个典型的事例。西汉初年，汉高祖总结秦亡教训时，认为没有分封同姓子弟为王，是秦朝灭亡的一个重要原因。因此，他一面消灭异姓诸侯，一面又陆续分封九个刘氏宗室为王。这九个同姓诸侯占据了全国的大片土地。汉高祖为防止刘姓诸侯被异姓篡夺，还特地杀

白马为盟，立誓"非刘氏而王，刘邦为巩固统治而大封同姓王。天下共击之"。

刘邦死后，西汉经惠帝、吕后、文帝、景帝的治理，社会经济得到恢复和发展，形成了为后世所称道的"文景之治"。但是，诸侯王势力在此期间也迅速膨胀起来。汉朝的许多大臣

都主张削弱诸侯王的势力，以维护汉朝的统治。尽管朝廷采取了一些措施，但仍不能有效地遏制诸侯国势力的膨胀。尤其是一些势力强大的诸侯，依然具备与中央抗衡的实力，其中威胁最大的当属吴王刘濞。吴王刘濞即位后，充分利用吴地的盐铁之利，在封国内铸钱、煮盐，牟取暴利。文帝时，刘濞的儿子在京师作客，被皇太子误杀，刘濞便心怀怨愤，称疾不朝，还广招各地逃到吴国的罪犯，与朝廷公然对抗。

汉景帝即位后，采纳朝臣晁错的建议，于景帝三年（前154）下令撤销刘濞的会稽和豫章二郡。刘濞乘机串通楚、赵、胶西、胶东、菑川、济南六国的诸侯王，举兵发动叛乱。刘濞发兵二十万，同时又派人与匈奴、东越、闽越贵族勾结，以"清君侧，诛晁错"的名义，周亚夫率军阻断了吴军粮道。举兵向西，直逼西汉的统治中心关中。叛军顺利进军到河南东部。

汉景帝非常惶恐，又听了袁盎等人的进言，被迫杀死晁错，企图息事宁人。此外，景帝还颁下一份诏书，承认自己听信晁错谗言，犯下不可饶恕的过错，恳请诸侯原谅他。然而，吴王刘濞见到诏书后，认为景帝畏惧七国的大军，因此根本不把朝廷放在眼里，下令军队继续向西进攻，想要谋朝篡位。

汉景帝听说叛军继续西进，十分震惊，他开始意识到，刘濞这次是当真要颠覆朝廷了，这才下定了镇压叛军的决心。于是，他下令太尉周亚夫统率三十六个将军，去攻击吴、楚两国的军队；曲周侯郦寄攻击赵国的军队；将军栾布攻击齐国的军队；大将军窦婴驻扎在荥阳，监视齐、赵两国的军队。

太尉周亚夫率领大军出蓝田经武关至洛阳，出奇兵断绝了叛军的粮道。当时，天气十分寒冷，叛军士卒粮尽援绝，军心涣散，终于自行崩溃。周亚夫乘胜追击，到达淮阳，他询问门客邓都尉说："这场仗该怎么打呢？"邓都尉回答说："吴军锐气正盛，很难与他争胜。楚兵浮躁，锐气不能保持长久。现在将军不如率军坚守东北方的昌邑，阻塞吴军的粮道。到吴军粮草耗尽的时候，再进攻吴军的疲惫之师。"周亚夫对这个建议非常赞同，于是在昌邑坚守，并派军队去断绝吴军粮道。

这时，吴国的军队到达昌邑，与周亚夫的军队相遇。吴军本欲与周亚夫决战，但是周亚夫明令汉军坚守营垒，不得出城应战，否则杀无赦。吴军的粮草断绝了，士兵饥饿，多次向汉军挑战，却一直没有得到回应。吴军想采用声东击西的战术，夜里奔袭汉军的营垒，惊扰东南方向。周亚夫看穿了吴军的意图，便派人防备西北方向，果然，吴军从西北方向侵入，遇到在那里埋伏的汉军，结果吴军大败，士卒四处溃散。吴王刘濞和他的部下几千人连夜逃走，渡过长江逃到丹阳，得到东越的保护。周亚夫派人用厚利诱惑东越王，东越王遂诱使吴王出去慰劳军队，趁机派人用矛戟刺杀吴王，并把他的首级割下来呈给汉景帝。

吴王刘濞被杀后，汉军很快打败了其余六国的叛军。"七国之乱"终于被平息了。

商纣王纵欲而亡国

商纣王，名受辛，是商朝的第三十位君主。纣王不但身材高大，力气过人，而且天资聪颖，博闻强识，善于言谈。然而，纣王又十分骄傲自大，好大喜功，他即位以后，就大力整顿兵马，发动了对东夷的战争。战胜东夷后，纣王更加骄横自负，目空一切，所有臣子的谏言他都听不进去，他觉得天下已经安定了，便开始贪图享乐，恣意挥霍。

商朝末年，朝歌附近有一个小属国名叫有苏（今河南武陟县东），有苏国地小人稀，没有能力年年给纣王进贡。纣王便觉得有苏人是故意对抗商朝，就派兵前去征伐。有苏人不敢得罪纣王，便献来美女妲己，这才避免了一场灾祸。妲己不但长得千娇百媚，而且还能歌善舞，很快就把纣王哄得团团转，纣

王对她百依百顺，甚至连朝廷大事，臣子的生杀予夺，妲己也

都可以作主。

姐己喜欢歌舞，纣王为博得美人的欢心，便下令乐师创

作了靡靡之乐，怪诞之舞。妲己喜欢饮酒嬉戏，纣王就在宫中

以酒为池，以肉为林，日夜不停地与妲己狂欢滥饮。喝到高兴

时，纣王就下令让男男女女赤身露体在肉林酒池中互相追逐嬉

闹。

纣王不但荒淫无度，还宠幸一批"助纣为虐"的王臣贵

族。费仲是有名的佞臣，但是纣王却让他主持朝政，他善于阿

谀逢迎，不但想方设法讨纣王欢心，还明目张胆地贪图私利。

费仲遭到众臣的攻击，纣王不得不免了他的官位。纣王又选蜚

廉来处理朝政，蜚廉庸碌无能，且善于结党，很快又被众臣轰

下台来。后来，纣王又任用恶来，恶来经常造谣生事毁坏别人

声誉，很多朝臣都被他诬陷致死。

纣王荒淫无度，且怠于政事，这引起了很多正直的王公大臣的不满。纣王身边的奸臣就想出很多残酷的刑罚，帮助纣王陷害这些忠良之士。在这些残酷的刑罚之中，有一种说来令人毛骨悚然，它就是"炮烙之刑"。何为炮烙之刑呢？就是用青铜铸造铜柱，然后中间凿空，把赤身露体的"犯人"用铁索绑在柱子上，下面烧起大火，将人活活烙死。

诸侯梅伯多次劝谏纣王，不让其对臣民实施酷刑。纣王就杀了梅伯，后来还把他剁成肉酱，分赏给诸侯吃。九侯（封地在今河北临潼）的女儿长得很美丽，纣王把她召入宫中，纳她为妃，但是她不喜欢宫里的淫乱生活，也十分鄙视妲己等人，纣王一怒之下，就把她杀了。九侯知道后，非常愤怒，纣王又把九侯剁成肉酱，分送给诸侯吃。鄂侯见到这种情形，就出面指责纣王，惹恼了纣王，又被杀掉并制成干尸示众。当时，西伯侯姬昌（即周文王）正在商都，他看到几位诸侯无辜被杀，甚为不平，只随便说了一句"这也太过份了"，不料被崇侯虎听到，报告到纣王那里，纣王立即将姬昌拘禁起来，还准备把他杀死。周国的大臣们得知了这个消息，连忙在莘国选了一名有莘氏的美女，又选了一些骏马、宝器及奇玩异物献给纣王。纣王见到有莘氏的美女，欣喜欲狂，他高兴地说："此物（指美女）足以释西伯，况其多乎？"姬昌这才逃过一劫，幸免于难。

纣王荒淫残暴，商朝王族中的忠直之臣非常着急，不断劝纣王改邪归正。但是，纣王不但不听，还对他们进行迫害。箕子是纣王的叔父，他为避免遭受迫害，竟然假装疯狂做了奴隶；微子启是纣王的庶兄，他不愿看到商朝灭亡，就偷偷地逃离了殷都，在乡间隐姓埋名；纣王的叔叔比干刚正不阿，一天，纣王正在宫里作乐，比干上前对纣王进行劝谏，纣王非但不采纳，还冷冷说道："我听说您的心脏有七个孔窍，我今天倒要看看是不是真的！"说完，纣王喝令左右将比干杀死，取出心脏让人观看。比干惨死后，很多大臣怕自己也招致杀身之祸，纷纷逃离了殷都。这时，太师疵和少师强实在看不下去了，他们知道商朝早晚就要亡了，因此就拿了象征王权的祭器跑到了西岐，投奔了西伯侯姬昌。在当时，没有了祭器就意味着断绝了祭祀，那是非常不吉利的事情。

此时，西部的周族已经具备了灭亡殷商的实力，而纣王却还过着醉生梦死的生活，商王朝早已腐烂不堪，商朝的覆灭只在朝夕之间。

大约在公元前1066年，周武王姬发率领各部族攻打商国。

周军一路高歌猛进，于二月甲子日早晨到达了距离殷都朝歌仅七十里的牧野。纣王听说后，匆忙调集大军，开赴牧野，准备与武王决一死战，然而纣王的士兵阵前倒戈，归顺了武王。武王率领大军杀入朝歌，纣王见大势已去，遂登上鹿台，自焚而亡。

　　商朝前后历经六百年，曾经盛极一时，最终却因纣王的残暴统治而灭亡。所以，作为一国之君，一定不能强横严厉，否则就会遭到天下百姓的反抗，走向灭亡。

残暴冷酷的吴主孙皓

公元264年七月，东吴景帝孙休去世。当时，曹魏刚刚灭掉蜀汉，开始全力对付东吴，而吕兴又发动叛乱，导致东吴国内人心浮动。按照父死子继的原则，帝位应当由孙休的儿子继承。但是，孙休的儿子年纪尚小，大臣们担心主少国危，于是商定由一位年长的宗室继承王位，来治理国家。经过众臣的商议，决定拥立乌程侯孙皓为帝。

孙皓即位不久，即下诏开仓赈灾，抚恤贫困百姓。然后，他下令释放宫女，许配给没有妻子的百姓；他又把皇宫御苑里的飞禽走兽也都放归山林。看到这些，朝中大臣均认为孙皓是个贤明的君主。但是，等到大权在握之后，孙皓开始变得粗暴骄横，沉溺于酒色，朝廷上下的人都非常失望。

　　大臣濮阳兴和张布都曾支持拥立孙皓为帝，这时他们看到孙皓的荒淫暴虐，就私下里说了几句怨言。有人听到他们的谈话，于是密告给孙皓。不久，孙皓即诛杀了濮阳兴和张布。随后，孙皓为了巩固自己的地位，逼杀了太后朱氏。朱氏死后，孙皓为她治丧，但是治丧不在正殿，却选了苑中一间简陋的小屋。大臣们见到这一情形，知道太后一定是孙皓害死的，心里都很悲痛。孙皓又把故主孙休的四个儿子送到吴国的一座小城，没过多长时间，他便派兵在路上把年纪稍长的两个杀掉了。

　　坐稳帝位后，孙皓开始打击江东集团中的豪强势力，首先拿来开刀的是侍中韦昭。韦昭是孙吴的名臣，他还兼任左国史，孙皓想让他给自己父亲作纪，韦昭却说："陛下的父亲文皇没有做皇帝，应当作传，不应当作纪。"孙皓听后，非常生气，孙皓便想找机会除掉韦昭。孙皓听说韦昭不喜欢喝酒，于是想出了一个通过喝酒来除掉韦昭的办法。

不久，孙皓制定了大臣饮酒的政策：皇帝举办酒宴的时候，群臣必须全部参加，如果有不参加的，事后就以欺君之罪处死。群臣参加了宴会，必须喝酒，如果有不喝酒的，就要把他杀掉。同时，喝酒还不能毫无节制，谁喝醉了就杀谁。仅凭这三条，孙皓就可以把自己想杀的人都杀光。所以，大臣们每在赴宴之前，就和家人诀别，因为他们不知道去了以后还能不能再活着回来。

韦昭酒量很小，有一次，孙皓召集群臣饮酒，韦昭不敢不喝，但是只喝了一点就醉了。孙皓抓到了韦昭的小辫子，下令把他关入大牢。韦昭这下害怕了，托人给孙皓献上自己写的悔过书。孙皓看了之后，嫌纸张太旧，看上去有污痕，心里更加生气了。韦昭听说孙皓不满意，就解释说："我写书的时候，担心其中有谬误的地方，所以不停地翻读校勘，不小心把纸张弄脏了。现在我心里十分后悔，我在狱中给您磕头五百次，再自己痛打自己的手，希望您能饶恕我。"孙皓不听他的解释，很快就下令除掉韦昭。

孙皓还随意诛杀那些"不顺眼"的大臣。东吴散骑常侍王蕃，相貌气质不凡，但是他不善于察言观色，不懂得向孙皓谄媚。孙皓对王蕃很不满意，而散骑常侍万彧、中书丞陈声看出了孙皓的心意，便乘机在孙皓面前诋毁王蕃。有一次，孙皓大宴群臣，王蕃喝醉了酒，孙皓怀疑他是故意装出来的，就下令派人用车子把他送出去。过了一会儿，孙皓又把他召了进来。这时，王蕃的容貌举止又恢复了正常，行走自如。孙皓见后，勃然大怒，喝令左右侍卫把他押到殿堂之下，把他杀掉了。随后，孙皓又下令左右随从投掷王蕃的头颅，并装成老虎和狼的样子啃咬，把王蕃的头颅咬碎了。

不仅如此，孙皓也嫉妒比自己能力强的人。侍中、中书令张尚，思维敏捷，且擅长辩论，群臣议政的时候常常说出一些独到的见解。孙皓很嫉妒他，对他的怨恨越积越多。有一次，

孙皓问张尚："朕喝酒可以与谁相比？"张尚回答说："陛下

有百觚的酒量。"相传孔子能饮酒百觚，张尚本来的意思是

说孙皓的酒量能与圣人相比，谁知孙皓听了后，冷冷地说道：

"你明知孔子没有做帝王，居然拿我跟他比！"于是下令把张

尚抓了起来。张尚被抓后，自公卿以下的大臣一百多人都到大

殿上为张尚求情，孙皓迫于压力，才答应免张尚一死，把他发

配到建安去造船。不久，孙皓还是借故把张尚杀了。

　　为了镇压群臣和百姓，孙皓想出一些残酷的刑罚。这些刑

罚说来令人不寒而栗，例如他曾下令把人整个脸都剥下来，或

者把人的眼睛给凿出来。孙吴的大臣人人自危，每天都提心吊

胆。这种剥人脸皮、凿人眼珠的刑罚臭名远扬，天下人都知道

孙皓的手段，后来，孙皓被俘虏到洛阳，有人问他："听说你

在东吴喜欢剥人面皮，有没有这回事？"孙皓听后，得意地说

道："对君主无礼的人，就应该剥下他的脸皮。"

除了杀人取乐，孙皓也十分荒淫。他派遣黄门遍行州郡挑选美女供他享用，凡是俸禄二千石以上的大臣的女儿，每年都要申报年龄姓名，年纪满十五岁的，就要召入宫中，中意的就选做妃子，看不中的才允许出宫。当时，东吴全国的人口仅有二百多万，而孙皓的宫中女子就有近万人。后来，东吴亡国，这些江南美女又被晋朝皇帝接收，都被掳到洛阳。

孙皓统治残暴腐朽，东吴的国力日趋衰弱。

公元256年，曹魏权臣司马炎篡夺曹魏的大权，建立了晋朝，史称西晋。晋朝建立后，司马氏开始着手准备南下灭吴。到晋太康元年（280），晋朝水军兵临吴都建业城下，孙皓把双手绑在前面，抬着棺材，到军营门口投降。孙吴就这样灭亡了。

孙吴自孙权建立，本来富庶一方，但是却因孙皓的残暴统治而亡国。

羊祜的怀柔之道

西晋建立以后，晋武帝司马炎打算一举灭掉盘踞在长江中下游的东吴政权。为此，他任命羊祜为都督，让他率兵镇守荆州，治理军事。

羊祜，字叔子，泰山南城（今山东费县西南）人，博学能文，且清廉刚直，出身于汉魏名门士族之家，而他的母亲蔡氏为汉末名儒蔡邕的女儿，因此羊祜早年在父母的悉心教导下，博览群书，而且写得一手好文章。成年后，羊祜更是以"孝"闻名于世。司马氏掌权后，羊祜因孝名而得到了"以孝治天下"的司马氏集团的赏识。

羊祜到任之后，并没有急于加强军事建设，而是实行了怀柔政策，在当地设立学校，安抚远近的地区，很快就得到了江

汉地区百姓的拥护。荆州与东吴隔江相望，羊祜对东吴人开诚

布公，说凡是来投降的人，想要离开荆州，去哪里都可以，他

绝不会阻拦。吴国的石城守备距离襄阳很近，经常派兵袭扰晋

朝的百姓，羊祜为使晋、吴两国的百姓和平相处，就用计使吴

国撤去了石城的守备。

这样，羊祜就不用派重兵去防备吴军了，于是从荆州分出

一半的戍兵开垦了八百多顷田地，大获收益。羊祜刚来荆州的

时候，军队存粮很少，仅能支撑不到百日；后来，经过他的治

理，竟然积蓄了可供十年用的粮食。晋武帝见羊祜治理荆州很

有成效，就下令撤销江北都督，设置南中郎将，然后

把他们所属的汉东和江夏的各军都归羊祜统一指挥。

后来，羊祜又在险要地区建造了五座城池，开发了大片肥

沃的土地。自此以后，吴国的百姓不断前来归降，而羊祜仍以

恩德信义安抚他们。

羊祜与吴军交战多次。每次交战，羊祜总是预先与吴军主将约定好日期才开战，从不食言搞突然袭击。有一次，吴国的将领陈尚、潘景率众来犯，羊祜打败了吴军，杀死了陈尚和潘景，但是他又称扬陈、潘二人的气节，对他们进行了厚葬。羊祜的军队来到吴国的地段，如果因缺少粮食而收割田里的庄稼，事后羊祜一定用绢偿还。他的军队在江沔一带游猎，这一带向来归晋国管辖，如果兵士捕获了吴国人所伤的禽兽，羊祜一定把捕来的禽兽送还给吴国人。于是，吴国人对他既敬佩又仰慕，都尊称他为"羊公"。

羊祜与吴国督护陆抗在荆州地区相互对峙。陆抗是吴郡人，父亲是吴国大将陆逊，陆抗早年在父亲的教导下，饱读儒家经典，以"忠义"闻名当世。当时，陆抗坐镇乐乡，而羊祜则屯兵于襄阳，两军相隔仅百余里。陆抗十分欣赏羊祜的为人，认为即使是乐毅、诸葛亮，也比不上羊祜的德行和度量。

所以，两军驻守在边境上，都努力避免冲突，双方甚至还常派使者互访，彼此沟通，增加信任。陆抗和羊祜也都很讲"信义"。一次，晋国使者来访，陆抗得知羊祜喜欢饮酒，便马上拿出了自己珍藏多年的佳酿，交予使者，让他转赠给羊祜，以表敬意。羊祜得到这坛酒后，立即拔开酒盖，一饮而尽。然后大笑道："这真是一坛好酒啊，刘伶（刘伶生性好饮）要嫉妒我啦。"来而不往非礼也。后来，陆抗生病了，羊祜知道他的病情后，就派人给他送了一副药。陆抗收到药后，吩咐下人把药煎好，准备服下去，一点也不起疑。有人担心羊祜在药中下毒，就劝陆抗不要服用，陆抗却说："羊祜怎么会毒害我呢！"

羊祜在边境地区营造了和平的氛围，陆抗心里明白这是羊祜实行的怀柔策略。所以，他与部下议事的时候，常常告诫他们说："羊祜施行仁政，如果我们不以仁德回应，就会不战自败。因此，我们只要守好边境就可以了，不要主动挑起事端，去追求小利。"吴国的国主却对边境的和平气象大为不满，他屡次派人去责骂陆抗，要求陆抗派兵侵扰晋国边境，破坏晋国的农业生产。对此，陆抗义正辞严地对使臣说："一个小镇小乡，尚且不可以不讲信义，何况是一个国家呢？臣之所以这样做，就是要彰显我国的信义，不去无故伤害有德行的羊祜啊！"

羊祜在实行怀柔政策的同时，又修缮甲兵，训练军队，作了充分的军事准备。他上书给晋武帝司马炎说："晋朝平定蜀地已经十三年了，现在吴国的国主孙皓残忍暴虐，吴国的百姓生活艰难，而我们晋朝的力量要比以前强大得多。因此，皇上应当抓住这个时机，平定东吴，统一天下，让全天下的百姓都能生活安宁，丰衣足食。"另外，他还向司马炎提出了一些灭吴的战略战术，这些见解都有独到之处。

447

公元278年，羊祜去世。仅仅过了三年，失去民心的吴主孙皓便在晋军势如破竹的攻势下，出城投降，东吴就这样灭亡了。尽管羊祜没有看到这一天，但西晋灭掉东吴，羊祜的贡献是不可磨灭的。

羊祜施之以德，取之以信，对待敌人也以仁德安抚，这就是他用的怀柔策略。用安抚的手段瓦解敌军，以延揽敌方的民心，为最后的胜利铺平道路，这就是柔能克刚的力量所在。

和珅贪财终被抄家

　　和珅是清朝的一位权臣，更是一位有名的大贪官。他曾兼任多职，封一等忠襄公，任首席大学士、领班军机大臣，兼管吏部、户部、刑部、理藩院、户部三库，还兼任翰林院掌院学士、领侍卫内大臣、步军统领等要职，管事之广，权势之大，为清朝罕有。而和珅的贪欲之大、敛财之多在历史上也是罕见的。

　　嘉庆四年，在查抄和府时，查出田产八千余顷，房屋两千余间；银号十处，本银六十万两；当铺十处，本银八十万两；金库内赤金五万八千两；银库内银元宝约九百万个。珠宝库、绸缎库、人参库都装得满满的。和珅聚敛的钱财比国库还多，所以民间才有了"和珅跌倒，嘉庆吃饱"的说法。

和珅出生在一个颇有地位的八旗官宦家庭，从小受到了良好的教育。和珅十岁时，进入咸安宫官学。咸安宫官学创于雍正年间，专门负责培养内务府的优秀子弟。乾隆即位以后，又大力选拔八旗官员的俊秀子弟入咸安宫学习。和珅在咸安宫官学学习期间，不但对《四书》《五经》等古代经典烂熟于心，而且还通晓满语、汉语、蒙语、藏语四种语言。这就为他日后官场的发迹打下了基础。

和珅聪明机灵，博学多才，很快受到乾隆赏识。二十岁时，完成了咸安宫官学的所有学业。此时的和珅，不但风度翩翩，而且学识渊博，可谓一表人才。这时，刑部尚书英廉看中了和珅，认为这个青年很有前途，所以把自己的孙女嫁给了他。有了英廉这座大靠山，和珅由此开始了自己的仕途生涯。在英廉的帮助下，和珅被挑选为御前侍卫。尽管御前侍卫的官阶不高，但是很容易接近皇帝，一旦得到皇帝的赏识，便会有飞黄腾达的机会。

和珅向来聪明伶俐，又有着很大的志向，所以他处处留心，等待着展示自己才能的机会。

有一天，乾隆皇帝要外出，但是由于时间仓促，找不到皇帝专用的仪仗"黄盖"，所以乾隆帝很生气，就问身旁的人道：是谁之过？"用的是《论语》中的一句话。皇帝身边的侍卫们都惊慌失措，不知如何回答。这时和珅却领会到了皇帝的意思，立即大声回答说："典守者不得辞其责。"

用的也是《论语》中同一篇的话。乾隆听后，十分高兴，从此之后，乾隆开始注意起身边的这个御前侍卫了，而和珅也早已把乾隆的脾气、心理、好恶摸得一清二楚。所以，每当乾隆单独召见和珅的时候，和珅都能使乾隆非常满意。而和珅的职位也迅速地不断往上爬，先后升为户部右侍郎、军机大臣、总管内务府大臣。

乾隆四十年，乾隆皇帝授命和珅审理云南总督李侍尧贪污一案。在查办此案的过程中，和珅再一次显示了其精明能干的特点，他不但获取了李侍尧贪污的证据，还通过各种渠道，了解到云、贵两省的吏治腐败情况，于是把这些"成果"全部呈奏给乾隆帝。乾隆帝看到后，心里十分满意，于是下令为和珅加官，晋升其为户部尚书兼议政大臣。

回朝之后，和珅趁着晋升之机，又向乾隆帝面陈了设关、盐务、钱法等方面的问题，并提出了一些解决这些问题的建议。乾隆帝听到和珅的所奏之事，觉得都非常有道理，于是一一准旨奉行，很快又提升其为御前大臣，补镶蓝旗都统。没过多长时间，又升和珅为正白旗都统，领侍卫内大臣。几年之后，乾隆帝又赐和珅的长子名为丰绅殷德，还把自己最宠爱的小女儿——固伦公主许配给和珅的长子，这样一来，和珅就成了皇帝的儿女亲家，一时恩宠备至，无人能及。

到乾隆晚年、嘉庆初年的时候，和珅又任首席军机大臣兼管吏、户、刑三部，晋封为一等公爵。和珅善于逢迎，长于机变，因此能很快飞黄腾达。政、财大权于一身，总揽一切的权臣。

和珅的发迹速度相当快，手中也掌握了很多权力，这在清朝历史上是十分罕见的。纵观和珅的发迹过程，我们可以看出其成功的一个重要手段，那就是狡黠与乖巧。和珅极力想皇帝之所想，投皇帝之所好，皇帝自然就视和珅为知音，对他宠爱有加。而和珅也经常拍乾隆的马屁，他曾经非常肉麻地吹捧道："皇上几余吟咏，分章叠韵，精义纷论，立成顷刻，真如万斛泉源，随地涌出。昔人击钵催诗，夸为神速，何曾有咏十余，韵至十叠者！"意思是说，皇上才思敏捷，出口成章，已经超过前人很多了。和珅的这一番恭维，恰好迎合了乾隆爱慕虚荣的心理，让这位皇帝好不开心。而皇帝一开心，就会对他有所封赏。和珅正是利用了这点，才能在仕途中一路扶摇直上。

另外，乾隆帝喜好巡游，曾多次巡游江南，东巡祭祖，朝拜孔庙，和珅每次都能跟随皇帝出行，且形影不离，随侍左右。借此机会，和珅用尽各种方法讨好乾隆。和珅还利用手中的权力，扩建圆明园和避暑山庄，以供乾隆享乐。

对于乾隆平日的生活，和珅更是体贴入微。乾隆晚年的时候，偶感风寒就会咳嗽，所以，每次上早朝，和珅都会当着文武大臣的面，为乾隆皇帝捧着痰盂。乾隆帝对和珅的一片"忠心"很是感动，对他的宠爱更深了，可以说，乾隆帝对和珅的信任和宠爱甚至超过了自己的皇子。

就在和珅不断地攫取权力的过程中，他的贪欲也逐渐地膨胀起来。尽管最后成为一人之下、万人之上的大权臣，但是他并不满足，一味地追求权力和金钱，使得他最终落得个被抄家、处死的下场。

宋襄公死守仁义成笑柄

周襄王十四年初冬，宋、楚两国为争夺中原霸权而进行了一场战役，这场战役就是著名的"泓水之战"。

周襄王九年，春秋时代第一位霸主齐桓公逝世，齐国因君位的继承问题而发生内乱。

次年，宋襄公出兵协助齐孝公取得君位。同时，楚成王借齐国中衰、中原无霸的机会将势力渗入中原地区。宋襄公不顾宋国国力尚弱的现实，希望能以宋国的公爵地位压制各诸侯国，与楚国争夺中原霸主的位置。

周襄王十三年春，宋、齐、楚三国君主会盟于齐地，在宋襄公的强烈要求之下，齐、楚两国的君主同意在这一年的秋天召开诸侯大会。同年秋，宋襄公以盟主身份约楚成王以及陈国、蔡国、郑国、许国、曹国等国的君主在盂（今河南省睢县西北）会盟，齐国和鲁国借故没有赶到。为了取得与会诸侯的支持与信任，宋襄公不顾公子子鱼的反对，轻车简从赴会，结果在会场上遭到楚成王的突袭而被俘。楚成王挟持宋襄公进攻宋国的都城商丘（今河南省商丘市西南），宋军坚守城池，楚军攻了几个月也没能攻下来。不久，在鲁僖公的调停下，楚成王于同年冬释放宋襄公回国。

宋襄公遭受奇耻大辱，心里自然非常不甘心。他一回到宋国，就开始操练军队，试图与楚国一较高低。公元前638年夏，宋襄公不顾公子子鱼和大司马公孙固的反对，联合卫国、许国、滕国三国进攻楚国的附庸郑国。楚成王为援救郑国，遂率军攻宋。宋襄公由郑撤回迎战，双方的军队在泓水相遇。战斗开始的时候，楚军呐喊着要强渡泓水，向宋军冲杀过来。公孙固看到楚军一半渡过河来，一半还在水中，就劝宋襄公下令进

457

攻，打楚军一个措手不及，于是说道："敌众我寡，趁他们没有完全渡河，请下令攻击他们。"宋襄公说："不行。"当楚军已经全部渡河，但尚未摆好阵势的时候，子鱼又请求攻击。宋襄公说："不行。"宋军仍然按兵不动。等楚军摆好了阵势，以排山倒海之势向宋军杀来。宋军被楚军的威风和气势吓坏了，还没等交锋，一个个都掉头逃跑。楚军乘势掩杀，宋军丢盔弃甲，一溃千里，宋襄公在这场战役中也被射中了大腿。

这场战役结束后，宋国人都埋怨宋襄公。宋襄公说："君子不伤害已经受伤的人，不捉拿头发花白的人。古人作战，不在隘口处阻击敌人。我虽然是已经亡国的商朝的后代，但也不会攻击没有摆好阵势的敌人。"子鱼长叹了一声，说道："我们宋国兵微将寡，本来就不是楚国的对手，不应该跟楚国交战。可是大王您却非要与楚国交战，这是您的过错啊！

听到这里，宋襄公满脸涨得通红，他马上转移话题说：

"尽管我们打败了，但是我却赢得了'仁义'之名。"

子鱼知道这是宋襄公的狡辩之词，于是毫不留情地说道：

"主公并不会打仗。强大的敌人，因为地形的狭窄而摆不开阵

势，这是上天在帮助我们，这时候对其加以拦截，然后攻击他

们，不也是可以的吗？"

看到襄公不言语，子鱼继续说道："即使做了这些，还犹

恐不能取胜呢。况且今天这些强悍的楚兵，都是我们的敌人；

即使是碰到老人，捉住了就把他抓回来，何况只是头发花白的

人！对士兵讲明耻辱，教导作战，是为了杀死敌人。敌人受了

伤但还没有死，为什么不能再次攻击使其毙命？如果是因为怜

悯那些受伤的人而不想再次加以伤害，那还不如开始就不要击

伤他。同情年长的敌人，还不如向他们投降。用兵讲求抓住有

利的条件和时机，那么即使是在险阻隘口打击敌人，也是应该

的；锣鼓响亮是为了振作士气，那么攻击没有摆开阵势的敌人

459

也是可以的。"

宋襄公的优柔寡断、迂腐与脱离实际可谓是失败的最主要原因。他的"仁义"从战争一开始就是不存在的，为了争夺霸权而兴兵讨伐郑国，能算是"仁义之举"吗？泓水之战开始时，又一味以所谓的仁义为名，不断错失时机，战败也就成为必然了。

鲁仲连巧谏辛垣衍

　　战国后期，赵孝成王在位时，秦军在长平大败赵军，坑杀赵军降卒四十万，秦国乘胜进攻，围困赵国都城邯郸一年之久。为解救赵国之围，魏安釐王派将军晋鄙救援赵国。但是晋鄙畏惧秦军，所以魏军驻扎在荡阴，不敢发起进攻。

　　魏安釐王又派将军辛垣衍，由小路秘密潜入邯郸，会见平原君，并通过平原君向赵王转达建议，说道："秦国之所以急着围攻赵国，是因为以前秦王和齐王争相称帝，后来秦昭王撤销帝号，是由于齐国撤销帝号的缘故。如今齐国日渐衰弱，只有秦国能称雄于天下。秦国此次出兵不一定是贪图邯郸之地，其真正目的是想要称帝。如果赵国真能派出使者表示拥戴秦昭王为帝，秦国肯定会很高兴，这样就会撤兵而去。"

461

平原君深深知道，拥护秦王为帝，就意味着投降。他觉得这件事关系重大，正在犹豫不决的时候，侍从向他报告说，有个叫鲁仲连的客人想求见他。鲁仲连是齐国人，此时在赵国游历，正赶上秦军围困赵国，鲁仲连听说魏国想要让赵国拥戴秦王称帝，所以前来求见平原君。平原君听说有客人来见，忙吩咐召见。鲁仲连见到平原君，直截了当地问道："在下听说，魏王想让赵王尊奉秦王为帝，不知平原君打算怎么办呢？"

平原君回答说："我赵胜怎么还敢谈论这件事情？百万大军挫败在外，如今秦军又深入赵国，围困邯郸而不撤兵。魏王派客籍将军辛垣衍来令赵国拥戴秦王称帝，现在这个人就在邯郸，我怎么还敢谈论这件事情？"

鲁仲连说："以前我一直以为您是天下的贤明公子，今天才知道并不是这样。那魏国的客人辛垣衍在哪里？我请求替您责备他。"

平原君说：那我就把他叫来见先生吧。"

平原君于是说服辛垣衍去见鲁仲连。鲁仲连见到辛垣衍

后，没有立即说话。辛垣衍忍不住了，向他问道："我看居住

在这个被围之城中的人，都是有求于平原君的。可是先生不像

是有求于人，您为什么不愿意离开呢？"

鲁仲连回答说："我听说周朝的隐士鲍焦德行很高，他

因为不愿屈从浊世而自杀。一般世人却不了解鲍焦的死因，认

为他是为了一己私利，由于心胸狭窄而死的。现在的人只知道

为个人利益打算，而不去伸张正义，也不敢反抗那不合理的事

情。那秦国，是一个抛弃礼义、崇尚战功的国家，它以权术驾

驭其群臣，役使它的百姓。如果让秦国肆无忌惮地称帝，甚至

要统治整个天下，那么我鲁仲连宁可到东海跳海自杀，也不能

容忍做它的顺民。我之所以要见将军，是想要帮助赵国反抗暴

秦啊。"

463

辛垣衍问："先生将如何帮助赵国呢？"

鲁仲连说："我想要让魏国和燕国帮助赵国，而齐国、楚国本来就在帮助赵国。"

辛垣衍说："至于燕国，我认为会听从您的。至于魏国，我就是魏国派来的，先生怎么能使魏国帮助赵国呢？"

鲁仲连坚定地回答说：那是因为魏国还没有看到秦国称帝的害处；如果让魏国看清秦国称帝的害处，那么它一定会帮助赵国的！"

辛垣衍又问道："秦国称帝有什么害处呢？"

鲁仲连讲述了齐威王与周天子的历史故事，指出天子作威作福的历史教训，然后以邹、鲁两个小国的臣民拒绝称帝的齐王入境的事例，来激励魏国抗秦的决心，接着又说：如果让秦国称帝，那么秦国就会马上更换各诸侯国的大臣。他们将撤换他们认为不像样的人，把职务授予他们认为贤能的人；他们将

撤换他们所憎恨的人，把职务授予他们喜欢的人。他们还会把

他们的女儿和谗佞的女子都充入诸侯的后宫，这样的女子进入

魏王的王宫，魏王还能平安地过日子吗？而将军您又怎么能保

持住原先受宠的地位呢？"

辛垣衍听了鲁仲连的这一番话，不禁冒出一身冷汗，于

是他站起身来，向鲁仲连拜了两拜，道歉地说道："起初我还

以为先生是个平庸之辈，如今我才知道先生确实是天下的高士

呀！我请求离开这里，不敢再提及尊秦为帝的事了。"

秦国的将领听说这件事后，将军队撤退了五十里。恰巧

这时魏国的公子无忌夺取了晋鄙的兵权，率领军队前来援救赵

国，进攻秦军。秦军就撤回去了。

秦军撤走之后，平原君想封赏鲁仲连。鲁仲连再三辞让，

始终不肯接受。平原君就设酒宴款待他。当酒正喝到兴头上

时，平原君起身上前，用千金向鲁仲连表示感谢。鲁仲连笑着

说："天下之士所看重的，是为人排忧解难消除纷乱而不收取任何报酬。如果要收取报酬，那就和商人没有什么区别了，鲁仲连不忍做这样的事。"于是辞别平原君而去，终生没有再来见他。